湖南省高等学校哲学社会科学重点研究基地"湖南警察法学研究基地"资助成果

守护未来：

未成年人保护研究

朱珍华　著

新华出版社

图书在版编目（CIP）数据

守护未来：未成年人保护研究 / 朱珍华著.
— 北京：新华出版社，2022.8
ISBN 978-7-5166-6428-5

Ⅰ.①守… Ⅱ.①朱… Ⅲ.①青少年保护–研究–中
国 Ⅳ.①D922.74

中国版本图书馆CIP数据核字（2022）第160988号

守护未来：未成年人保护研究

作　　者：朱珍华

责任编辑：蒋小云　　　　　　　封面设计：马静静

出版发行：新华出版社
地　　址：北京石景山区京原路8号　邮　　编：100040
网　　址：http：//www.xinhuapub.com
经　　销：新华书店
　　　　　新华出版社天猫旗舰店、京东旗舰店及各大网店
购书热线：010-63077122　　　中国新闻书店购书热线：010-63072012

照　　排：北京亚吉飞数码科技有限公司
印　　刷：北京亚吉飞数码科技有限公司
成品尺寸：170mm×240mm　　　1/16
印　　张：9.75　　　　　　　　字　　数：154千字
版　　次：2023年4月第一版　　印　　次：2023年4月第一次印刷
书　　号：ISBN 978-7-5166-6428-5
定　　价：68.00元

前　言

　　"未成年人"是法律术语，针对成年人而使用。根据《中华人民共和国民法典》第十七条、第十八条的规定：不满十八周岁的自然人为未成年人。成年人为完全民事行为能力人，可以独立实施民事法律行为。十六周岁以上的未成年人，以自己的劳动收入为主要生活来源的，视为完全民事行为能力人。未成年人是国家的未来、民族的希望，他们的健康成长，关系到社会的稳定和一个国家未来的发展。

　　作为一群正处于发展阶段的群体，未成年人在成长的过程中必然会遇到各种各样的问题，甚至还会遇到各种法律问题，因此，无论是家庭、学校，还是社会，都应该注重对未成年人的保护。为了保护未成年人的合法权益，我国目前已经出台了《中华人民共和国民法典》《中华人民共和国未成年人保护法》《中华人民共和国义务教育法》《中华人民共和国预防未成年人犯罪法》等法律法规。但目前，我国各地区未成年人权利保护工作的开展非常不平衡，一些经济比较落后地区的未成年保护工作相对滞后。就社会来说，封建思想仍然存在，再加上不良的生活环境、不正的社会之风以及大众传媒对宣传功能的忽视，都对未成年人的身心健康造成了侵害；从未成年人自身来说，他们依法保护自己权益的意识比较淡薄，能力较弱，未成年人犯罪现象也呈上升趋势；就家庭来说，一些家长望子成龙心切，给自己的孩子带来了过重的心理负担，为此经常会出现一些消极的后果；就学校来说，一些学校片面追求升学率，放松了对未成年人思想道德以及法制方面的教育，使未成年人的自我保护能力较弱……从以上分析可知，未成年人保护工作是一项社会系统工程，需要社会、学校、家庭的共同努力。鉴于此，特撰写了本书。

　　本书共包括五章内容：第一章对未成年人保护的基本知识进行了研究，具体内容包括未成年人的界定、未成年人的权利以及未成年人权益保护；第二章对未成年人保护的途径进行了研究，具体内容包括家庭对未成年人的保护、学校对未成年人的保护、社会对未成年人的保护、司法对未成年人以及政府对未成年人的保护；第三章对未成年人保护的原则与法律责任进行了探讨；第四章对未成年人犯罪及其预防进行了研究；第五章对网络不良信息与未成年人保护的相关知识进行了研究。总体来说，本书结构清晰明了，内容丰富翔实，理论明确系统，语言准确通俗，具有全面性、实用性和可操作性等特点。

  本书在撰写过程中参阅了许多有关未成年人保护方面的著作，同时也引用了许多专家和学者的研究成果，在此表示最诚挚的谢意！由于时间仓促，作者水平有限，错误和不当之处在所难免，恳请广大读者在使用中多提宝贵意见，以便本书的修改与完善。

作者

2021年9月

目　录

第一章 未成年人保护概述

保护未成年人的权益，让他（她）们在温馨的环境里茁壮成长，是关系到中华民族兴衰和国家发展的重大战略问题。我国未成年人数量庞大，如何加强未成年人保护，已成为我国改革开放和社会发展中需要解决的一大重要课题。

第一节 未成年人的界定

一、未成年人的概念

未成年人是法律术语，针对成年人而使用，是指行为能力受到限制或者无行为能力的年幼的人。未成年是以国家法律为依据对年龄的一个划分标准。我国明确规定未成年人概念的有《中华人民共和国民法典》，其中第十七条规定："不满十八岁的自然人为未成年人。"《中华人民共和国未成年人保护法》第二条规定："本法所称未成年人是指未满十八周岁的公民。"对于这一年龄阶段的人，人们通常习惯的称呼是青少年、少年儿童等，表明这一年龄阶段的人生理、心理的发育状况是不同的，处于一个成长发育的阶段。各种科学研究成果表明，一个人在生理、心理上完全发育成熟，成为一个成熟的，具有完全行为能力的成年人，一般需要18年的时间。在这样一段生命历程中的人与成年人是有着本质差别的，他们是一个特殊的群体，其思维方式、行为方式等都与成年人具有明显的不同，因此，国家专门制定了《未成年人保护法》。

从生理上讲，人的一生在未成年期要经历婴幼儿期、儿童期、少年期和青年期这四个身体发育阶段（图1-1）。

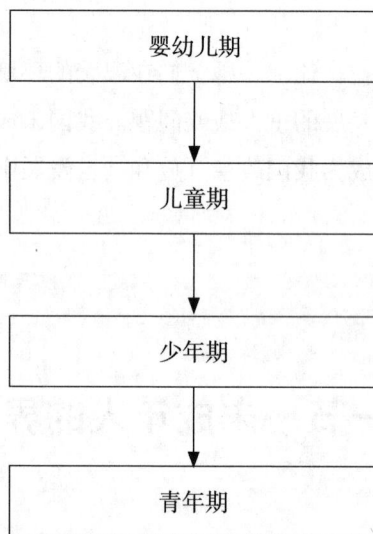

```
┌─────────────────────┐
│       婴幼儿期       │
└─────────────────────┘
           │
           ▼
┌─────────────────────┐
│        儿童期        │
└─────────────────────┘
           │
           ▼
┌─────────────────────┐
│        少年期        │
└─────────────────────┘
           │
           ▼
┌─────────────────────┐
│        青年期        │
└─────────────────────┘
```

图1-1　未成年期身体发育的阶段

在人的生长发育期（不成熟时期），各方面的行为能力都比较弱，都容易受到伤害。未成年人不仅容易成为社会上不法分子直接侵害的对象，更容易成为违法犯罪分子拉拢、利用、诱骗、教唆的目标。所以在各国的法律中都对未成年人有特别的保护，在犯罪的治理中对预防未成年人犯罪给予了特别的关注。

国家已经把提高未成年人的素质，保证未成年人的健康成长纳入社会发展的总体规划，以保证中国特色社会主义建设事业后继有人。在加强未成年人素质教育的同时，党和政府也注意到了未成年人违法犯罪持续高发的状况。所以要求政府部门、人民团体及社会各方面一致行动起来，依法做好预防未成年人犯罪工作，为未成年人身心健康发展创造良好的社会环境。

图1-2　未成年人保护

二、未成年人的责任能力

一个自然人从出生开始即享有民事权利能力，随着年龄的增加和身心发育成熟，历经无民事行为能力、限制民事行为能力，最终获得完全民事行为能力。行为能力与责任能力有密切的关系。未成年人的责任能力可以从刑事责任能力和民事责任能力两个方面来认识。

（一）未成年人的刑事责任能力

刑事责任能力是指犯罪人独立承担刑事责任的法律地位和资格。未成年人刑事责任不同于成年人，其刑事责任能力是根据刑事责任年龄确定的。从历史上看，对未成年人的保护最先体现在刑事责任方面的规定。[①]其原因主要包括以下几方面。

第一，刑事责任的承担是最为严酷的义务。刑事责任可以剥夺人的生命权、健康权、自由权。无论何种社会形态和何种社会制度的国家均对未成年人的刑事责任上给予了特别的规定。

第二，儿童的心智尚在成长发育中，由于生理上的限制，推定儿童不可能预谋犯罪。这个法律原则从《查士丁尼安法典》中产生之后，一直被后人所传承。该原则成为未成年人保护法学的一个重要理论基础。

我国对未成年人刑事责任方面的规定，最早可以追溯到周朝。《礼记·曲礼上》中写道："耄与悼，虽有罪不加刑焉。"意思是80岁以上和7岁以下的人犯了罪，不能对他们进行刑事处罚。秦、汉、唐、宋、元、明、清等历代封建王朝均对未成年人刑事责任能力作出了一些规定。唐朝的《唐律疏义·名例》篇中规定："犯罪时幼小，事发时长大，依幼小论。"唐律又规定：7岁以下，虽有死罪，不加刑。此处的"不加刑"不是"不增加刑"，而是"不施加于刑"，即不予刑事处罚。清末刑律规定：未满15岁及80岁以上犯罪的减一等或二等，对未满12岁的犯罪施以"感化教育"。

由此可以看出，无论社会形态如何，在刑事法律中都兼顾了未成年人和成年人在刑事责任能力上的差别，并就此作出了相应规定。这些是中华法系中有关未成年人保护的宝贵的文化和法律遗产。

我国现行《刑法》对刑事责任年龄的规定是"已满16周岁的人犯罪，应当负刑事责任"，这是一般刑事责任年龄的规定；《刑法》中对特别刑事责任

---

① 纪红光.呵护权利：未成年人权益保护法律实务[M].北京：群众出版社，2004.

年龄的规定是："已满14周岁不满16周岁的人，犯故意杀人、故意伤害致人重伤或者死亡、强奸已满十二周岁不满十四周岁的人，犯故意杀人、故意伤害罪，致人死亡或者以特别残忍手段致人重伤造成严重残疾，情节恶劣，经最高人民检察院核准追诉的，应当负刑事责任。"

另外，2020年12月26日第十三届全国人民代表大会常务委员会第二十四次会议通过的《中华人民共和国刑法修正案（十一）》规定："已满十二周岁不满十四周岁的人，犯故意杀人、故意伤害罪，致人死亡或者以特别残忍手段致人重伤造成严重残疾，情节恶劣，经最高人民检察院核准追诉的，应当负刑事责任。""对追究刑事责任的不满十八周岁的人，应当从轻或者减轻处罚。""因不满十六周岁不予刑事处罚的，责令其父母或者其他监护人加以管教；在必要的时候，依法进行专门矫治教育。"[①]

需要注意的是，特别刑事责任年龄起点规定为12周岁，我们要充分考虑已满12周岁不满18周岁的人犯罪后在案件追诉、审查起诉、审判以及服刑期间的教育和保护问题。

（二）未成年人的民事责任能力

未成年人的民事责任能力与民事行为能力是密切相关的。对未成年人民事行为能力的限制，使未成年人的民事责任承担方面有了特别的保护。民事行为能力是指民事主体独立参加民事法律关系，并以自己的民事法律行为取得民事权利或者承担民事义务的资格。民事责任能力和民事行为能力的有无和限制是根据年龄标准来划分的。未成年人年龄标准和民事行为能力及民事责任能力划分的年龄标准是一致的。从这一点上看，可以看作是对未成年人权益的保护。

《中华人民共和国民法典》规定：年满18周岁的成年人具有完全民事行为能力，可独立进行民事活动并承担民事责任；8周岁以上的未成年人是限制民事行为能力人，可以进行与其年龄、智力相适应的民事活动，但无民事责

---

① http://sft.henan.gov.cn/2020/12-31/2070951.html.

任能力，当造成他人损害的，由监护人承担民事责任；不满8周岁的是无民事行为能力人，亦无民事责任能力，造成他人损害的，由监护人承担民事责任；已满16周岁不满18周岁的未成年人，以自己的劳动收入为主要生活来源的，视为完全民事行为能力人，其民事责任能力由法律特别规定：一是有经济能力的，应当承担民事责任；二是没有经济能力的，应由原监护人承担民事责任。[①]

从上述法律规定可以看出，未成年人的民事行为能力，在法律上是给予一定程度承认的，但是民事责任的承担，在法律上是给予免责的。正是这种法律上给予的倾斜，体现了对未成年人权益的保护。其主要原因包括以下几方面。

第一，未成年人具有民事权利能力，享有《宪法》和民事法律规定应当享有的权利。但是未成年人并不因享有权利而须承担民事责任。未成年人心智尚在发育，对侵权行为不存在主观过错问题，因为主观过错的存在是以心智健全为前提条件的。未成年人侵权行为免责，即不能独立地承担民事责任，既符合未成年人生理上的客观情况，也体现了对未成年人的体恤和爱护。

第二，未成年人不能完全预见自己民事行为的后果，不能真实表达自己的意愿，出于对未成年人权益的保护，对其民事行为能力给予否定和限制是必要的。

第三，未成年人虽然民事责任被"免除"，但若未成年人的行为造成严重后果时，未成年人的监护人要承担被监护人的侵权赔偿责任。

三、现代社会中未成年人的个体特征

现代社会中由于科学技术的发展，特别是医学、生理学、心理学等学科的发展，社会对未成年人有了更加科学的认识。未成年人的前期是婴幼儿期

---

① 纪红光.呵护权利：未成年人权益保护法律实务[M].北京：群众出版社，2004.

和儿童期，这一时期基本上为学龄前阶段，还处于以游戏为主导的生活方式中，心智发展都不够充分，对应法律规定中的无行为能力的阶段。这一阶段的未成年人基本上没有个体自主行动的能力，一切行动都在成年人的监护之下进行。所以从预防犯罪的角度看，未成年人的这一阶段可以忽略。

　　未成年人进入少年期以后，即个体成长至11岁以后，生理和心理将发生急剧的变化，生长发育进入第二个快速期，表现在个体的外形、体内机能和性发育这三方面。并且随着生理的发展，心理也有了显著的变化，最突出的是自我意识的发展。如12岁以后未成年人的性征开始出现并快速发育，在2~3年内趋于成熟。性的成熟对未成年人的身心发展具有决定性的意义，他们开始意识到自己已经成熟，开始要求家长承认他们的独立地位，行为自治倾向强烈，对异性产生兴趣和好奇心。因此，这一时期又被称为青春期，青春期的起始年龄有较大的个体差异，并且男女也不同。未成年人发育的后期，即青春期，由于生理和心理变化引起的不平衡，他们的情绪极不稳定，感情容易冲动，往往会做出一些非理性的行为。这一时期如果存在不利的外界因素，未成年人个体容易出现不良行为。在这一时期未成年人的智力有很大的提高，特别是逻辑思维的能力显著提高，表现为思维的独立性和批判性显著发展。他们总想摆脱家长和老师的束缚，但他们的经验不足，能力发展不均衡，不仅会引起心理上的焦虑和思维的偏激，更容易造成行为上越轨，所以这一阶段更容易出现犯罪行为，对此，应给予足够的重视。

第二节　未成年人的权利

　　未成年阶段由于身心尚未发展成熟，自我保护能力较弱，容易受到外界的影响，权利也容易被侵犯，所以需要家庭、学校、社会的共同努力，更需要法律的专门保护，为孩子健康成长撑起一片蔚蓝的天空。概括来说，未成年人享有的基本权利见表1-1。①

表1-1　未成年人享有的基本权利

未成年人享有的基本权利	具体描述
生存权	生存权是指未成年人享有其固有的生命权、健康权和获得基本生活保障的权利。在家庭中，父母（监护人）不能殴打孩子。在学校，教师不能体罚学生或变相体罚学生。在社会上，他人不得侵犯未成年人的人身。对侵害未成年人生命健康的行为，未成年人及其监护人有权向有关机关控告，直至诉诸法律
发展权	发展权是指未成年人享有充分发展其全部体能和智能的权利。未成年人的发展包括身体、智力、道德、情感等多方面的发展。发展权主要通过受保护权和受教育权来保障和体现
受保护权	受保护权是指未成年人享有不受歧视、虐待和忽视的权利，受保护权是未成年人权益的重要内容
参与权	参与权是指未成年人参与家庭和社会生活，并就影响他们生活的事项发表意见的权利。未成年人的参与权有两个方面的含义： 第一，未成年人可以对影响自己的事务发表意见； 第二，未成年人有权得到与之有关的信息
受教育权	我国的《义务教育法》规定，公民依法享有九年义务教育的权利，任何单位和个人不得剥夺未成年人的这一权利。对家长（监护人）来说，送子女去读书，读到初中毕业，这是法定义务，违反这个规定就构成违法，应承担法律责任。未成年人自己可以拿起法律武器进行维权，其他公民有权帮助控告，国家也有权干预
财产权	一般情况下，未成年人没有个人财产，但有些未成年人也可能拥有财产，如有的青少年有发明专利，有的因继承财产或接受他人赠予财产而成为财产所有权的主体。对未成年人的财产权，法律上也予以保护。未成年人的财产虽然是由监护人管理，但监护人也不能非法侵吞或不合理使用未成年人的财产

---

① 纳瑛.健康成长法保护：未成年人保护的法律问题[M].昆明：云南大学出版社，2010.

续表

未成年人享有的基本权利	具体描述
肖像权	肖像权是指未成年人对以各种形式反映自己容貌特征的个人形象享有的专有权。未成年人及其监护人有权禁止他人非法毁损、侮辱、玷污未成年人的肖像以及未经同意不得擅自使用未成年人的肖像
受抚养权	受抚养权是指未成年人出生后有权享受父母或者其他监护人的抚养。如果没有法定监护人，政府有义务对其进行收养，由民政部门负责解决
隐私权	隐私权是指未成年人享有的个人生活不被公众知晓，禁止他人不法干涉的权利。未成年人享有隐私权，任何组织和个人不得披露未成年人的个人隐私
名誉权	名誉权是指未成年人享有名誉、人格尊严不受侵犯的权利。禁止用侮辱、诽谤等方式损害未成年人的名誉
荣誉权	荣誉权是指未成年人有接受政府、社会组织、单位对自己的表彰、嘉奖和授予荣誉称号并对荣誉加以维护的权利

第三节　未成年人权益保护

一、未成年人权益的法律特征

概括来说，未成年人权益的法律特征主要包括以下几方面（图1-3）。

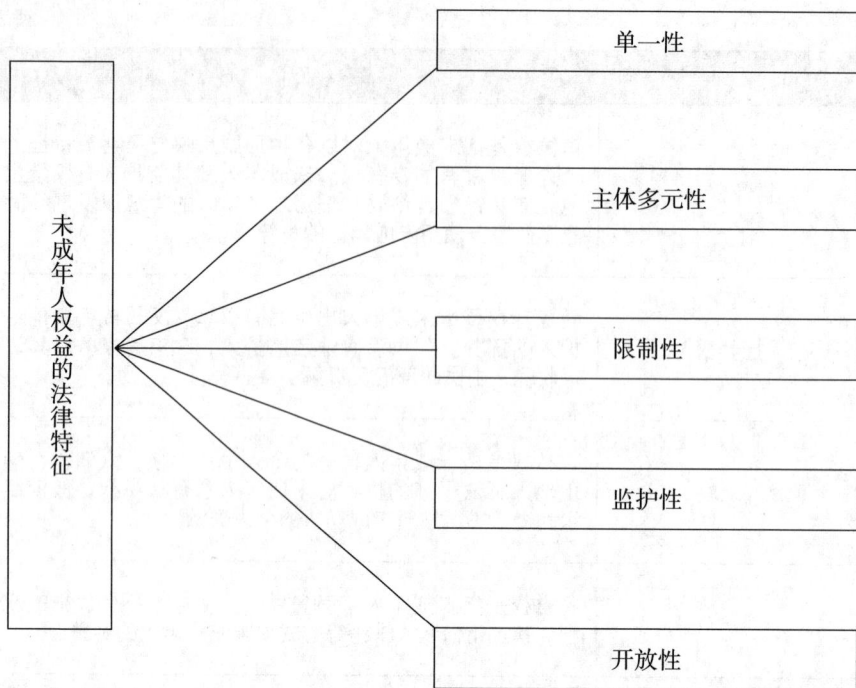

图1-3　未成年人权益的法律特征

（一）单一性

成年人的权利包括政治权利和民事权利。我国《宪法》第二章规定的"公民的基本权利和义务"，包含了政治权利和民事权利。事实上，未成年人涉及的言论、出版等自由权利，属于民事权利中的人身权。因此，我们认为未成年人权益主要表现为民事权利。成年人通过言论、出版、结社、游行、示威等表达政治主见，所以，将此类本属于民事方面的权利归属于政治权利。由此可以说，未成年人的权益具有单一性的特征。

（二）主体多元性

成年人的权益主体是年满18周岁的自然人；而未成年人的权益主体可

分为：胎儿，8周岁以下儿童，8周岁以上未满18周岁的少年，已满16周岁未满18周岁的以自己劳动收入为主要生活来源的少年。未成年人权益主体的不同，其享有的法定权益也有所不同。这要求人们在法律实务中，首先要给予未成年人的年龄以充分关注，并根据年龄来判断未成年人权益的内容，从而切实维护未成年人的权益。

（三）限制性

未成年人的民事权益受到诸多限制，反映在对未成年人权利类型的限制和权利内容的限制两方面。

第一，在权利类型上，未成年人没有缔约权或者说是有限的缔约权、结婚、独立参加诉讼权等。

第二，在权利内容上，未成年人财产所有权中的处分权受到限制等。

法律对未成年人权益的限制体现了对未成年人权益的保护。如结婚权是对未成年人人身、生理和心理上的保护。

（四）监护性

监护是指对未成年人设立监护人并实施对其权益的保护，监护人又称"保护人"。监护是一种职责而非权利。对未成年人的监护实质上是对权益的监护。未成年人权益的监护性体现在以下几方面。

第一，未成年人的个人财产由监护人保管。

第二，未成年人的权利由监护人代为行使。

第三，未成年人的人身、财产及其他合法权益受监护人保护。一旦未成年人的这些权益遭受侵害，监护人可以代行私力救济和请求公力救济。

（五）开放性

未成年人权益的开放性是指未成年人的权益具有以保护未成年人健康成长为根本的一切权利和利益的特性。未成年人的权益包括现行法律规定的，也包括尚未规定，但是基于保护未成年人身心健康而主张的权利。《未成年人保护法》第三条规定："国家保障未成年人的生存权、发展权、受保护权、参与权等权利。未成年人依法平等地享有各项权利，不因本人及其父母或者其他监护人的民族、种族、性别、户籍、职业、宗教信仰、教育程度、家庭状况、身心健康状况等受到歧视。"这就是未成年人权益开放性的依据。未成年人权益的开放性，要求人们在法律实务中，对于涉及未成年人利益的权利，要大胆主张，即使法律没有明确规定，但只要符合未成年人身心健康成长的利益需要，都应当得到法律层面的支持。

二、未成年人权益保护的历史进程

人类的繁衍和再生产，需要对年幼者予以保护。可以说人类的历史有多久远，保护未成年人的历史就有多长。概括来说，可以粗略地将未成年人权益保护的历史进程分为以下三个阶段（图1-4）。[①]

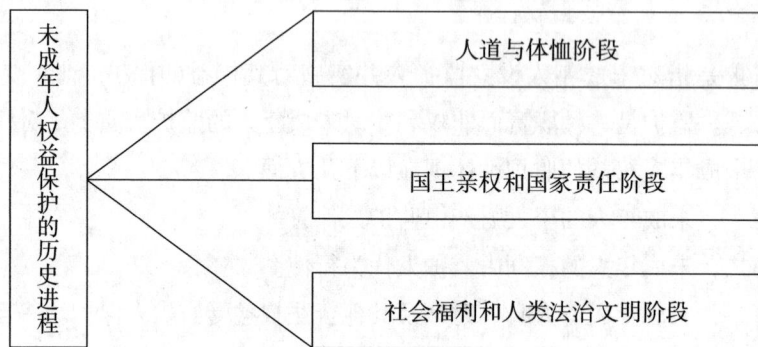

图1-4 未成年人权益保护的历史进程

[未成年人权益保护的历史进程] → 人道与体恤阶段 / 国王亲权和国家责任阶段 / 社会福利和人类法治文明阶段

---

① 纪红光.呵护权利：未成年人权益保护法律实务[M].北京：群众出版社，2004.

（一）人道与体恤阶段

13世纪以前，人类社会从人道角度和体恤心理出发，关注未成年人的权益保护。公元前451年，古罗马的《十二铜表法》中就有对未成年人与成年人刑罚的区别记载。公元534年，《查士丁尼安法典》确立了"儿童不可能预谋犯罪"的原则。该原则宣告不存在天生的坏儿童。该法典首次将刑事责任年龄规定为男14岁、女12岁，这一规定一直被后人沿用。这一历史时期显现出偏重对未成年人刑事犯罪方面的宽宥。

（二）国王亲权和国家责任阶段

13世纪后，在英国逐渐形成"国王亲权"学说。该学说的理念是父母是一家之主，国王则是一国之君，国王有责任也有权力保护子民的权利，特别要保护那些没有能力照管自己及其财产的未成年人。"国王亲权"学说进一步发展形成"国家是少年儿童最高监护人"的法学理论。该法学理论不仅成为英国，也成为影响其他国家青少年司法制度的重要法学思想。13世纪至20世纪初，青少年立法繁荣发展，未成年人权益保护成为国家应尽的责任。

（三）社会福利和人类法治文明阶段

在19世纪至20世纪之交，未成年人权益保护成为社会福利的重要标识，成为以物质文明为基础的社会精神文明进步的标志。在美国伊利诺斯州，女权主义者、热心公益事业并富有正义感的律师们及社会福利工作者，在社会改革者杰克索尼"拯救儿童"的倡导下，发起了"拯救儿童"运动。"拯救儿童"运动是社会自发的社会福利运动，它不仅对美国各州青少年立法产生了影响，而且很快影响了加拿大，与此同时，在加拿大又发展成"少年权利"运动。保护未成年人权益的呼声高涨，维权内容冲破了刑事责任范围而涉及未成年人权利的各个层面。

在这一阶段，未成年人保护已不再仅仅是一个国家的责任，国际合作实现人类社会共同携手保护人类未来，呵护未成年人健康成长的人类共同行动得到了空前发展。未成年人保护成为人类法治文明建设的首要内容。在联合国组织下，先后出台《联合国少年司法最低限度标准规则》（《北京规则》）、《联合国保护被剥夺自由少年规则》《联合国预防少年犯罪准则》《利雅得准则》等国际文件。这些为会员国未成年人保护立法和制度的建立起到了积极作用。

三、未成年人权益保护的范畴

未成年人权益保护的范畴主要包括以下几方面（图1-5）。

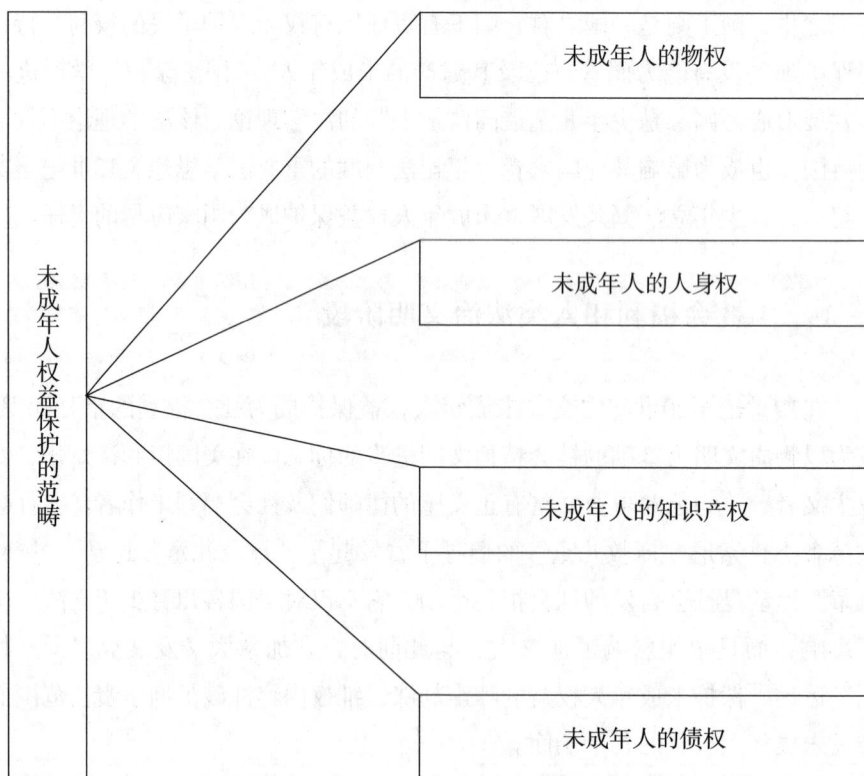

图1-5　未成年人权益保护的范畴

（一）未成年人的物权

物权是人支配特定物并排斥他人干涉的权利，具有支配性、绝对性、排他性，是未成年人财产权利中最重要、最普遍的一种权利。未成年人物权的取得主要来源于继承、赠与、奖励、报酬。未成年人的物权表现为个人生活资料的所有权和依法享有的继受权。未成年人物权的行使受到监护制度的限制，除未成年人能够独立支配的财产外，一般均由监护人代行物权。未成年人独立支配物权的条件包括以下两方面。

第一，与其年龄、智力相当的民事活动中可以处分所有权，如初中生间互赠礼物。

第二，处分财产的价值较小，并不构成对未成年人权益的损害。

（二）未成年人的人身权

人身权包括人格权和身份权两大类（图1-6）。

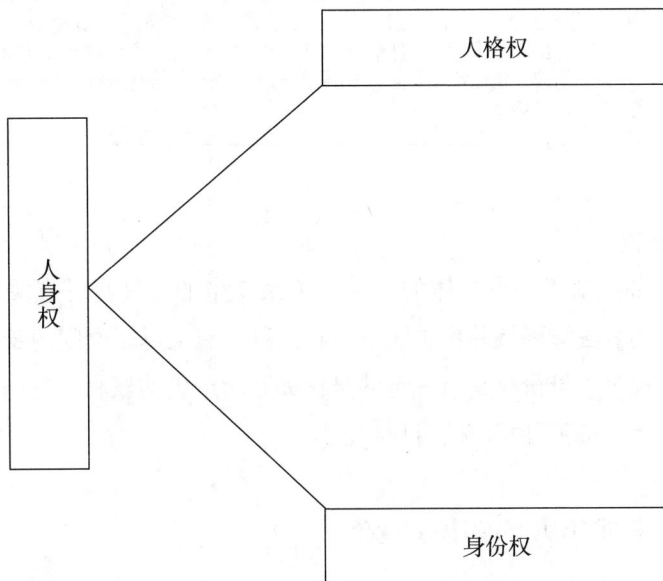

图1-6　人身权的分类

1. 人格权

人格权是每一个人与生俱来的权利，是与民事主体不可分离的人格利益。人格权可分为特别人格权和一般人格权（表1-2）。

表1-2　人格权的分类

类型	具体内容
未成年人的特别人格权	生命权，是以生命安全为内容的权利；身体权，是自然人维护其身体完全支配肢体和器官及其他身体组织的具体人格权利；健康权，是自然人以其生理机能正常运作和生理功能正常发挥，借以维持人体生命活动的利益为内容的权利；肖像权，是自然人对其肖像享有利益并排斥他人侵害的权利；姓名权，是自然人依法享有决定、变更和使用其姓名并排除他人干涉或非法使用的权利；名誉权，是自然人对其名誉所享有的不受他人侵害的权利；贞操权，是自然人就本人性方面的纯洁良好品行所体现的人格利益为内容的具体人格权；隐私权，是自然人就个人私密等个人生活领域内的情事不为他人知悉，禁止他人干涉的权利
未成年人的一般人格权	一般人格权又被称为"母权"，不仅孕育有具体人格权利，也衍生着具体人格权所不包含的内容，它为完善保护人格权提供法律依据。在现实中存在的一般人格权概括起来有：平等权，是指人格平等，在《宪法》中表述为法律面前人人平等；自由权，包括言论自由、行动自由、信仰自由等；教育权，是由健康权引申出来的权利，即人人有接受教育，借以使身心发育健康的权利；批评、建议、申诉、控告、检举的权利；休息娱乐的权利；获得物质救助的权利

2. 身份权

身份权是指基于民事主体的行为、关系产生的与其身份有关的人身权利，这种权利被法律确认并保护。身份权的种类有父母子女间的身份权、夫妻间的身份权等。身份权是由一定的身份关系所产生的权利，首先必须具有身份地位才能取得某种相应的身份权。

（三）未成年人的知识产权

随着社会的发展和科技的进步，越来越多的未成年人拥有了自己的知识产权，尤其是与现代信息科技有关的著作权、艺术领域中的表演权，已经成为未成年人知识产权蓬勃发展的领域。未成年人的知识产权包括除了服务标记、商号名称和牌号，制止不正当竞争等权利之外的所有内容。概括来说，主要包括表1-3中的四类。

表1-3 未成年人知识产权的分类

未成年人知识产权的分类	具体内容
邻接权	邻接权是指与著作权有关的权益。未成年人的邻接权保护主要是对未成年人表演权和录音权的保护
著作权	未成年人享有的著作权中的著作包括已发表的和尚未发表的著作。未成年人作为著作权主体，既可以是著作原创主体，也可以是依法继承的派生著作权主体。保护未成年人著作权具有法律竞合性。著作权的权利内容有人格权和财产权
计算机程序权	计算机程序又称计算机软件，计算机程序的开发者是计算机程序的著作权人。未成年人在计算机编程方面的活跃已是不争的事实。对于未成年人这方面的著作权保护，是著作权法中的新课题。计算机程序权保护适用《著作权法》
专利权	专利权是法律确认发明人对其发明的专属权利，未经权利人许可，他人不得使用。《专利法》中的发明是指发明、实用新型、外观设计。未成年人可以成为专利权人，未成年人专利权的保护不仅限于对专利权的保护，也包含了对未成年人专利申请权的保护

（四）未成年人的债权

债权是未成年人财产权利中的一项权利，与成年人相比，未成年人的债权范围较小，且债权的主张要由监护人代行。概括来说，未成年人债权的获得途径主要有表1-4中的四种。

表1-4　未成年人债权获得的途径

未成年人债权获得的途径	具体内容
合同之债	未成年人没有缔约行为能力，不发生以交易为目的而产生的合同债权。但是，未成年人因享有著作权、邻接权、接受赠予、奖励等给惠的受让权，所以，未成年人可以取得出版合同的债权、表演合同的债权、赠予合同的债权、给惠约定的债权
侵权之债	侵害未成年人的人身权利和财产权利及其他合法权益，则产生侵权之债，即侵权人要承担民事责任，侵权人是侵权之债的债务人；未成年人是债权人
不当得利之债	他人没有合法依据而取得不当利益，造成未成年人损失的，未成年人享有请求返还的债权。如未成年人办理借记卡存款业务，误将自己的钱错存到他人账户内，则未成年人享有请求返还的权利
无因管理之债	未成年人在没有法定的或约定的义务下，为避免他人利益受损失进行管理或者服务的，有权要求受益人偿还由此而支付的必要费用。例如，未成年人看护他人走失的宠物狗，主人在领取它时，应当支付必要的看护费用，未成年人则以债权人身份主张债权

四、未成年人权益保护面临的问题

概括来说，未成年人权益保护面临的问题主要包括以下几方面。

（一）义务教育问题

改革开放之后，经过多年努力，我国义务教育取得了很大的进步，尤其是农村的义务教育情况有了明显改善。但是，一些贫困落后的农村地区由于思想、条件等因素导致的未成年人无法正常接受义务教育的问题依然很严峻。

义务教育是预防未成年人犯罪、保护未成年人权益的一个重要阵地。因此，加强义务教育，减少辍学、失学现象，是未成年人权益保护迫切需要解决的问题。概括来说，可以通过下列措施来加强义务教育。

1. 加强农村教育基础设施的投入

多方筹集资金，设立以救助学生为宗旨的公益基金，保障贫困学生的受教育权。禁止向接受义务教育的学生收取或变相收取学费。

2. 建立农村适龄儿童义务教育监督机制

第一，公安户籍信息与教育行政部门共享，凡适龄儿童均纳入义务教育管理范围。

第二，教育行政部门与农村基层组织联合定期检查和统计义务教育适龄儿童的就读情况。

第三，加大对限制适龄儿童接受义务教育的处罚力度。

（二）"网毒"问题

电脑网络为世人打开了现实和虚拟世界的窗口，这使未成年人通过网络接触世界、增长知识、扩大眼界的同时，也产生了一些不良后果。网络中的"网毒"，侵害未成年人的身心健康，已经成为社会关注的热点问题。

1. "网毒"的根源

网络的特点是信息传播者通过网站上传信息，信息的受众是电脑显示屏前上网的观众。因此，治理"网毒"必须从网络的始端和末端采取措施。始端是网站；末端是网吧、家庭电脑。

2. "网毒"的内容

（1）网恋

网恋即通过网络在异性之间发生的恋情。未成年人上网的一个主要目的是网上聊天，他们的天真无邪和毫无戒备，成为网络另一边黑手的猎取对象。许多少男少女因为网恋而被性侵害和性伤害。

（2）网迷

网迷即沉迷于网络的虚拟世界，日久成瘾，拒绝与现实社会接触，性情孤独。很多商家为赢得市场，纷纷推出各种内容的电子游戏产品，其中的色情、凶杀、暴力、鬼魅等，已经成为毒害未成年人的精神毒品。

3. 根治"网毒"的措施

根治"网毒"的措施如表1-5所示。

表1-5　根治"网毒"的措施

根治"网毒"的措施	具体内容
加强网站管理	对不宜未成年人观看的节目、网页要采取阻隔措施；网站对"网毒"传播有过错的要承担民事责任甚至刑事责任。未成年人因"网毒"侵害而产生严重后果的，监护人、学校、其他社会团体，都有权起诉或控告"网毒"传播的"网站"。净化网络和净化社会环境
设立公益"网吧"	"网络"有使人汲取知识、开发智力的种种好处。因此，可设立公益"网吧"，并加强恶意网站的屏蔽和"网毒"阻隔，加强对未成年人上网内容的监督
建立学校电脑室	建设学校电脑室，尤其是农村地区学校的电脑室，为孩子们提供收集信息、了解世界、丰富知识的平台，既是未成年人权益保护的需要，也是加强基础教育设施的需要。要制定学校电脑室管理的规章制度，强化对"网毒"传播的监控
家庭电脑对"网毒"的阻隔	未成年人监护人要切实履行监护职责，要采取必要的技术手段和其他可行措施，阻隔"网毒"的传播。如加锁、设定密码、必要的监察等

（三）童工问题

童工，是指未满16周岁，与单位或者个人发生劳动关系，从事有经济收入的劳动或者从事个体劳动的少年、儿童。

1. 童工产生的根源

童工产生的根源主要包括以下几方面。

（1）家庭经济困难

家庭经济困难致使监护人无视法律，支持儿童务工。

（2）性别歧视

性别歧视致使女童辍学离家务工。目前，我国一些地区"重男轻女"的封建思想仍然存在，女孩不能像男孩一样读书学习，需要务工养活家庭人员和供兄弟读书。

（3）违法经营中介机构为输送童工推波助澜

各类劳务中介机构无视法律规定，穿针引线，为企业、商家、家庭源源不断地提供童工。

（4）用人单位雇工缺少透明度和监督机制

用人单位的用工合同无需劳动监察部门审查，缺乏透明度，对童工使用很难从源头上治理。

2. 遏制童工问题的措施

我国禁止使用童工的法律规定是很完备的。《刑法》《劳动法》《禁止使用童工规定》都有规定，目前对童工问题的治理，以"齐抓共管"为主。在实践中，共管往往会演变成谁也不管。又由于缺乏行政不作为责任的规定，使对童工的治理还没有能够真正走出"表面文章"。另外，对使用童工的单位、个人的处罚力度不够。对此，应加大处罚力度，使用人单位和个人顾忌因处罚付出的高昂代价而不敢使用童工。再者，加强农村的基础教育，强化义务教育观念，建立义务教育监督机制，建立学费救助制度等，保障每一个适龄儿童人人有学上、有书读，从源头上解决童工问题（图1-7）。

图1-7　童工

五、中国对未成年人权益保护概况

中华人民共和国成立后，党和政府制定了一系列有关青少年权益保护的法律，为青少年立法和未成年人权益保护制度的完善奠定了基础。概括起来有如下几个方面。

第一，关于对未成年人家庭保护的法律规定，如《婚姻法》中的相关规定。

第二，关于未成年人的法律地位和权益的规定，如《中华人民共和国民法典》中的规定。

第三，关于对未成年人权益的学校教育和保护法律规定。如中华人民共和国成立初期的《共同纲领》和《宪法》都规定了学校教育保护未成年人权益的有关条款。

第四，关于国家保护未成年人的法律规定，如《宪法》和《婚姻法》。我国《宪法》将保护未成年人作为一项重要立法原则。

第五，关于保护未成年人劳动就业的法律规定，如《劳动法》《禁止使用童工规定》及《未成年工特殊保护规定》等。

第六，关于对未成年人权益的社会保护的法律规定，如《未成年人保护法》和《预防未成年人犯罪法》中的有关规定。

第七，关于未成年人权益的司法保护的法律规定，如《未成年人保护法》《预防未成年人犯罪法》《公安机关办理未成年人违法犯罪案件的规定》《最高人民法院关于审理未成年人刑事案件的若干规定（试行）》《最高人民法院关于办理少年刑事案件的若干规定（试行）》和最高人民法院、最高人民检察院、公安部、司法部《关于办理少年刑事案件建立互相配套工作体系的通知》等。

六、加强对我国未成年人权益保护的措施

（一）社会合力提高未成年人保护工作的水平

未成年人保护工作的顺利开展，需要全社会的广泛参与。

第一，要积极做好学校及其周边治安秩序的整治工作，保障学生有一个和谐、健康的学习环境。

第二，要通过选派法制副校长和法制辅导员等形式，进入社区和学校，对未成年人进行法制教育。

第三，要继续深化创建"青年文明社区"，创建优秀"青少年维权岗"、希望工程等活动，充分发挥各系统、各创建单位的职能优势，不断拓展服务内容、扩大创建规模，全面优化青少年健康成长的大环境。

第四，要充分发挥舆论传媒的监督宣传作用，积极做好相关工作新鲜经验和优秀典型的宣传工作，全面营造有利于未成年人成长的社会氛围。

第五，各级团组织要依托法律服务中心、心理咨询站、校外教育机构等阵地和设施，大力开展青少年自我保护教育活动，全面提高未成年人的素质。

（二）夯实未成年人保护工作的基础

各地未成年保护委具体负责对未成年人保护工作的组织领导，负责处理日常工作和对各成员单位的协调。下一阶段要继续加强对未成年保护工作的领导，不断加强未成年保护工作的基础建设。

第一，要进一步建立和完善未成年人保护工作机构，把建立组织机构、完善工作网络作为首要工作来抓。各级未成年保护组织要积极争取政府和社会各界的重视和支持，努力落实工作人员和工作经费。各地要注重发挥团组织的作用，各团县（市）委要明确指示专职干部负责本地未成年人保护工作，逐步规范工作机制，不断提高工作水平。

第二，各级未成年保护组织要重视未成年保护工作的调查研究和理论研

讨工作，要系统地掌握第一手资料，积极探索市场经济条件下未成年保护工作的新思路、新方法和新措施，为做好未成年保护工作提供科学正确的决策依据。

第三，要加强对未成年保护干部的业务培训，未成年保护办将与有关部门联合举办培训班，以进一步提高未成年保护干部的整体素质。各级未成年保护组织也要结合自身实际，加强未成年保护干部的业务培训，努力提高未成年保护干部的理论素质和实际工作能力。

（三）用法律保障未成年人保护工作的开展

目前，我国已初步建立了以《中华人民共和国未成年人保护法》为主体的未成年人保护工作的法律法规，这些都为未成年人保护工作的开展提供了强有力的法律依据。此外，还应做到以下几方面。

第一，各级未成年保护组织和委员单位要按照市委制定的依法治市的精神，结合自身实际，从培养社会主义事业合格建设者和接班人的高度，充分认识加强未成年保护工作的重要意义，不断增强责任感和紧迫感，深入开展未成年人保护法律法规的宣传工作。

第二，要精心组织大规模的普法宣传活动，通过建立法制教育基地、印发宣传材料、开展法律咨询、征文比赛、知识竞赛、文艺演出、以案说法等多种形式增强全社会保护未成年人权益的意识与自觉性。

第三，在学校社区等未成年人集中的地方，基层团组织、少先队组织、街办和居委会等普法网络中的基层组织，要直接面向广大未成年人，重点宣传普及《中华人民共和国未成年人保护法》，帮助广大未成年人增强法制观念，树立遵纪守法的意识和对违法犯罪的防范意识，提高他们的自我保护能力。

第四，广大未成年保护干部也要在工作中学好法、用好法，掌握未成年保护工作这一有力的武器，为青少年提供及时方便、有效的法律服务。

（四）充分发挥各级未保组织委员单位的职能作用

目前，未成年人保护工作已有了良好的基础，但在社会转型的大背景下，未成年人学习、生活、成长的环境还不尽如人意，保障未成年人健康成长的任务依然相当艰巨。

第一，未保委各委员单位要进一步增强政治意识、大局意识和自觉意识，加强整体联动，充分发挥自身的职能作用，切实做好各项未保工作。

第二，妇联组织要帮助广大未成年人父母或其他监护人正确教育和保护未成年子女，积极探索家庭教育预防和减少未成年人犯罪的有效途径。

第三，教育行政管理部门要把学校保护重点放在保障未成年人的受教育权上，全面实施素质教育，坚决杜绝体罚或变相体罚学生。

第四，各级政法机关要充分履行司法保护的职能，依法打击侵害未成年人合法权益的犯罪行为，坚持"教育、感化、挽救"方针，做好未成年人犯罪预防、未成年人法律援助等工作。

第五，劳动部门要继续加大监督检查力度，杜绝使用童工现象的发生。

第六，卫生部门在继续做好未成年人医疗和保健服务的同时，还要切实加强未成年人的特殊保护工作。

第七，文化、广电、工商、质量技术监督、新闻出版等部门要进一步加强文化市场的监督管理，净化未成年人的社会成长环境。

此外，各级未保组织还应根据各委员单位的职责分工，把本地未成年人保护工作责任分解到各单位和基层，建立层层责任制，真正将各项工作落到实处。同时还要积极配合各级人大和政协检查未成年人专门法律的执行情况，督促和指导落实未成年人保护法律法规。

第二章　未成年人保护的途径

　　可怜天下父母心，每一个做父母的都希望孩子能够有出息，希望孩子健康成长。未成年人由于身心发展尚未成熟，自我保护能力较弱，容易受到外界的影响，权利也容易被侵犯，所以需要家庭、学校、社会的共同努力，更需要法律的专门保护，为孩子健康成长撑起一片蔚蓝的天空。

　　2020年10月17日，第十三届全国人民代表大会常务委员会第二十二次会议第二次修订《中华人民共和国未成年人保护法》，自2021年6月1日起施行。修订后的未成年人保护法分为总则、家庭保护、学校保护、社会保护、网络保护、政府保护、司法保护、法律责任和附则，共九章132条。

　　《中华人民共和国预防未成年人犯罪法》是为了保障未成年人身心健康，培养未成年人良好品行，有效预防未成年人违法犯罪制定的法律。2020年12月26日，《中华人民共和国预防未成年人犯罪法》在中华人民共和国第十三届全国人民代表大会常务委员会第二十四次会议上修订通过，自2021年6月1日起施行。

　　新修订的未成年人保护法、预防未成年人犯罪法（下称"两法"）标志着我国未成年人保护法律体系在持续完善的道路上又迈出了一大步。新修订的未成年人保护法，确立了最有利于未成年人的原则，构建了包含家庭、学校、社会、网络、政府、司法的"六大保护"体系，将为未成年人提供更加

全面立体的综合保护。

第一节　家庭对未成年人的保护

一、家庭保护的概念

　　家庭保护（图2-1）是指父母或其他监护人依法对未成年人的人身、财产及其他一切合法权益依法实行的监督与保护。家庭是孩子人生的第一所学校，父母是孩子的第一任教师，父母的言行举止会对孩子一生的成长产生深远的影响。对于未成年人来说，父母关爱过多和过少，都容易导致孩子在人格和性格方面产生缺陷。家庭关爱不足可能诱发未成年人顶撞父母、偷窃、离家出走甚至自杀等偏激行为的产生。家庭关爱过度可能诱发未成年人无理取闹、谩骂殴打父母和长时间上网等偏激行为的产生。

图2-1　家庭保护

二、家庭保护的内容

家庭是以婚姻和血缘关系为基础的社会单位，包括父母、子女和其他共同生活的亲属。家庭具有塑造未成年个性的功能，家庭的幸福温暖、民主和谐等，是未成年人良好品德、性格得以形成的温床。反之，家庭破裂、家长冷酷无情、唯利是图等，则是未成年人不良品德和性格形成的主要影响因素。概括来说，家庭保护的内容见表2-1。

表2-1 家庭保护的内容

家庭保护的内容	具体阐述
为未成年人提供适宜的家庭环境	家庭保护一方面要强调父母或其他监护人对未成年人的抚养；另一方面也要反对溺爱。溺爱主要影响因素或过分地满足未成年人的需要，容易使未成年子女形成自私、任性、懒惰、粗暴的性格，这同样不符合家庭保护的要求
使未成年人的合法权益免受来自家庭方面的侵害	有些家长、监护人对子女动辄打骂，随意体罚，甚至长期虐待。另外，还有一些父母迫使未成年人辍学经商、外出打工，迫使未成年人结婚、订婚、早婚早育现象也时有发生。《未成年人保护法》规定的家庭保护，为消除这些来自家庭、给未成年人身心健康造成极大危害的违法犯罪行为提供了法律保障
预防和减少未成年人犯罪	未成年人犯罪的原因十分复杂，家庭保护不力是其中一个重要原因。家庭是控制未成年人犯罪的第一防线，在预防和减少未成年人犯罪，促进社会稳定方面，家庭保护具有特别重要的作用。改善家庭抚养条件，重视家庭教育，保持家庭稳定，是预防未成年人犯罪的有效方法

三、家庭保护的地位

家庭对于未成年人的保护具有十分重要的地位，这是由家庭保护特有的职能决定的，具体体现在以下几个方面。

（一）家庭教育对未成年人形成良好的品质和健康的思想有着直接的影响

《中华人民共和国未成年人保护法》第十五条规定："未成年人的父母或者其他监护人应当学习家庭教育知识，接受家庭教育指导，创造良好、和睦、文明的家庭环境。"家庭是未成年人最初的学校，父母是他们的第一任老师。家长负担着传播文化知识、生活知识，培养道德品质，指导行为规范，帮助未成年人逐步学会自立营生等责任。

（二）抚养和监护的职能决定了家庭保护不同于其他保护的独特地位

《中华人民共和国未成年人保护法》第十五条规定："共同生活的其他成年家庭成员应当协助未成年人的父母或者其他监护人抚养、教育和保护未成年人。"父母为未成年人提供健康成长所必需的衣食住行物质基础是家庭保护的重要内容。

（三）家庭保护对于保护未成年人的合法权益有重要作用

第一，家庭保护确立了父母或其他监护人的职责。

第二，家庭保护规定促使未成年人的父母或者其他监护人充分认识到未成年人的权利和自己应尽的义务。

四、家庭监护人应履行的具体监护职责

家庭监护人应对未成年子女履行的具体监护职责如图2-2所示。

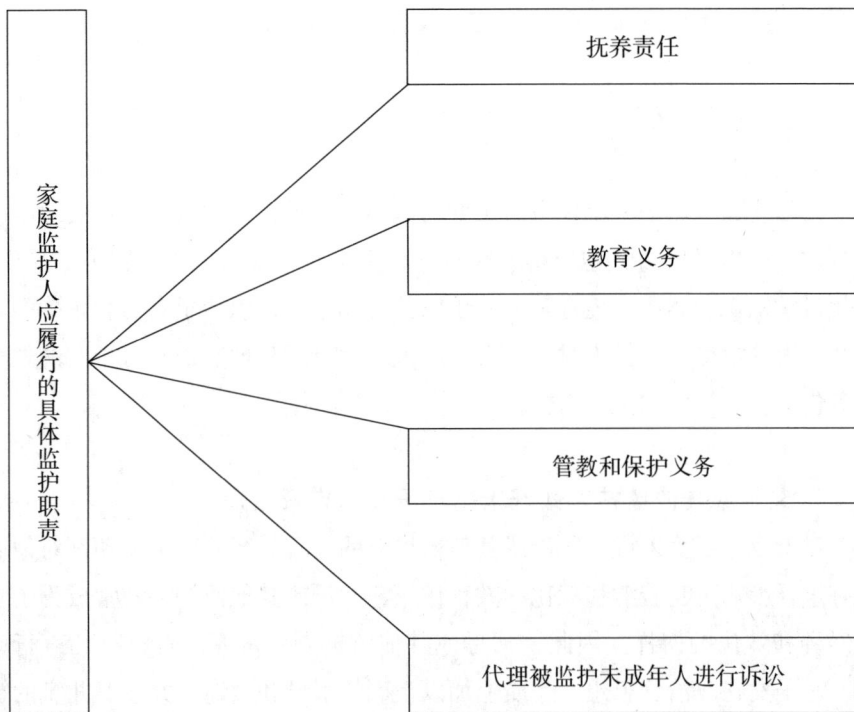

图2-2　家庭监护人应履行的具体监护职责

（一）抚养责任

　　抚养是指父母或其他监护人从物质上对子女的养育和生活上对子女的照顾。根据法律的规定，父母或其他监护人对子女的抚养是有一定期限的，即从子女出生时起，到子女独立生活时止。父母或其他监护人必须在物质上对子女承担养育责任，在生活上，根据子女生长发育的特殊阶段，必须承担照顾的责任。因此，父母或其他监护人对未成年子女的抚养，是一种无条件的抚养。父母或其他监护人应当自觉地履行抚养义务，对于因特殊情况确实无法亲自照顾生活不能自理的未成年子女的，应支付必需的抚养费用。父母或其他监护人不依法履行抚养义务的，子女有权请求给付抚养费。父母或其他监护人拒不履行抚养义务，构成遗弃犯罪的，子女及利害关系人或者有关组织有权依法请求追究父母或其他监护人遗弃罪的刑事责任。

（二）教育义务

父母或其他监护人不仅应对子女的健康成长承担经济责任，还要对子女进行教育，即父母或其他监护人在日常生活中对子女的思想、智力、品质、文化科学知识、体质、美育等方面予以关心和帮助，引导子女树立正确的思想及高尚的情操，成长为对社会有益的人。父母或其他监护人对子女的教育义务包括两个方面的主要内容。

1. 父母或其他监护人做好未成年子女的启蒙教师

对未成年子女来说，父母或其他监护人的一言一行、一举一动都对他们具有重要影响，起着潜移默化的教育作用，父母或其他监护人常常成为子女所崇拜和效仿的榜样。因此，父母或其他监护人一定要注意自己的言行举止，对子女在政治、思想、品质上加以正确的引导和教诲，并注意儿童的智力开发及文化科学知识的正确传授，培养子女良好的学习习惯。

2. 父母或其他监护人要为未成年子女提供接受教育的良好条件和机会

适龄儿童都享有接受学校教育的权利，普及九年义务教育是每一位父母和监护人对子女应尽的职责。因此，作为监护人，必须按时送子女到学校学习，让子女接受正规、系统的学校教育，并为子女实现受教育的权利提供必要的经济条件。

（三）管教和保护义务

父母或其他监护人对未成年子女的管教和保护义务，是对抚养教育义务的必要补充。

管教是指父母或其他监护人按照国家法律和社会主义公共道德的要求，采取正确、适当的方法，对未成年子女加以必要的管理、教育和约束，使他们得以健康成长。父母或其他监护人在对子女实施管教行为时，法律严禁滥用管教权利，对10岁以上的未成年人的信件不得随意开拆，不得对子女实施虐待行为或者体罚、变相体罚的行为。对父母或其他监护人滥用管教权构成虐待罪的，应依法追究其刑事责任。

保护是指父母或其他监护人应保护未成年子女的人身安全和合法权益不受侵害，防止和排除来自自然界和人为因素所可能造成的对未成年子女人身和财产及其他合法权益的损害。

（四）代理被监护未成年人进行诉讼

未成年子女的法定监护人和代理人，在行使对未成年子女的管教和保护职责时，对他人造成的未成年子女的人身、财产损害，父母或其他监护人应代为行使损害赔偿的请求权，以维护未成年子女的合法权益。当通过协商调解等方式不能维护未成年子女的权益时，父母或其他监护人可以代理被监护未成年人进行诉讼，进行民事诉讼活动，提起行政复议，参加行政复议等。

五、家庭监护人不履行监护职责时，未成年人可以寻求帮助

（一）向其他有监护资格的人请求帮助

在监护人侵犯未成年人的合法权益时，如果还有其他有监护资格的人，未成年人可以向其他有监护资格的人反映情况，请求他们的帮助。其他有监护资格的人应对现在的监护人进行说服教育，如果仍不悔改，可以向法院起诉，要求变更监护人。如果原监护人对未成年人的人身或财产造成损失，可以要求原监护人赔偿损失。

（二）向居民委员会、村民委员会或公安机关求助

如果未成年人的监护人对未成年人实施家庭暴力、虐待、遗弃等行为，未成年人可以依法向居民委员会、村民委员会或公安机关求助。

（三）向当地的民政部门、共青团、妇联以及教育部门等组织投诉

民政部门、共青团、妇联、教育部门都设有专门负责未成年人保护工作的具体机构，一旦未成年人的利益受到侵害，这些组织也能够起到保护未成年人的作用。未成年人可以向这些组织投诉，请求帮助。

（四）向当地的未成年人保护委员会投诉

未成年人保护委员会是根据未成年人保护法以及各省市未成年人保护条例的规定设立的专门从事保护未成年人保护工作的机关。未成年人可以向其投诉，请求帮助。

（五）向当地的法律援助机构申请法律援助

根据我国法律援助的有关规定，各地建立了相应的法律援助中心或法律援助组织，为社会上的弱势群体提供各种形式的法律援助，未成年人在此援助对象范围之内。当监护人不履行法定职责或者侵害未成年人合法权益时，除了未成年人自己主动向上述部门、单位求助外，其他组织或个人可以代未成年人寻求帮助。另外，在未成年人的权益受到监护人的侵害时，如果受侵害的未成年人达到一定的年龄，具有一定的智力，也就是限制民事行为能力人，也可以自己向人民法院起诉。

第二节 学校对未成年人的保护

一、学校保护的概念

　　学校保护，是指有关的学校、幼儿园及其他教育机构依照我国未成年人保护法及其他有关法律、法规，对未成年学生和幼儿园儿童实施的专门保护（图2-3）。学校作为对未成年人实施教育的机构，是培养社会主义建设者和接班人的阵地。学校应坚持不懈地对未成年人进行德、智、体、美、劳等方面的教育，使他们能掌握适应世界新技术革命的现代化科学技术文化知识。同时，学校也是预防和矫治未成年人违法犯罪的重要环节，未成年人有一半时间将在学校度过，因此，在这个领域中对未成年学生和儿童的身心健康、受教育权、人身权及其他合法权益提供必要和有效的保护，对整个未成年人保护工作起着举足轻重的作用。因此，学校保护是我国未成年人保护的重要方面。[①]

---

① 《未成年人保护法学习导读》编写组.未成年人保护法学习导读[M].北京：中国妇女出版社，
2008.

图2-3　学校对未成年人的保护

二、学校保护的内容

概括来说，学校对未成年人的保护主要包括以下内容。

（一）全面贯彻国家的教育方针，实施素质教育

全面贯彻国家的教育方针，实施素质教育，提高教育质量，对未成年学生进行德育、智育、体育、美育、劳动教育以及社会生活指导和青春期教育。素质教育强调应当尊重学生的主动性和创造性，注重开发学生的潜能和智慧，其核心是培养学生的全面能力，促进未成年人全面发展。实施素质教育应当从以下三个方面来理解。

1. 培育德、智、体等全面发展的"四有"人才

"德"不仅仅是品德，还同时包括思想政治素养；"智"除掌握科学文化知识和技能外，还应当包括健全的心智；"体"既指健康的身体，也包括掌握体育知识和技能、愉悦身心等。德、智、体全面发展将促进脑力劳动与体力劳动相结合，实现人的全面发展。

2. 培养未成年学生的独立思考能力、创新能力和实践能力

对未成年学生实施素质教育，知识的学习当然是首要的。但是，教授知识的同时应当兼顾对未成年人思维模式的训练和培养。在教学过程中，要激发学生的好奇心和求知欲望，培养学生养成独立思考的习惯；要培养未成年学生的实践能力，包括实际操作能力和社会性的发展两个方面；要鼓励学生创新，对于学生的新思路、提出的新问题要大胆地给予肯定和指导，激发未成年学生的创新潜能。

3. 对未成年人进行社会生活指导和青春期教育

随着年龄的增加和社会交往范围的逐步扩大，未成年人会遇到诸如人际关系等各种各样的问题，因此教师应当随时对未成年人遇到的问题进行适当的指导，保障未成年人的心理健康。另外，学校还应开设青春期教育的课程，使未成年人更了解自身，并能正确应对青春期发生的各种生理和心理变化，有效预防未成年人受到性伤害或因为好奇而走向违法犯罪的道路。

（二）尊重未成年人的受教育权

受教育权是指公民享有的由法律规定的接受教育的权利，包括获得接受教育的机会、保障必要的受教育条件等。对于未成年人来说，受教育权是其在学校各项权利中最重要、最基本的一项权利。尊重未成年学生的受教育权，不得违反法律和国家规定而开除未成年学生。对未成年人受教育权的保护，是未成年人学校保护的主要内容。

（三）尊重未成年人的人格尊严

学校的教职员应当尊重未成年人的人格尊严，不得实施体罚、变相体罚以及其他侮辱人格的行为。学生有过错，教师应尽职尽责地进行管理教育，对学生实施体罚和变相体罚是错误的，也是违法的。

（四）保护未成年人的人身安全

学校和幼儿园安排未成年学生和儿童参加集会、文化娱乐、社会实践等集体活动，应当有利于未成年人的健康成长，防止发生人身安全事故。

（五）保障未成年人的休息娱乐权

学校应当与未成年学生的父母或者其他监护人互相配合，保证未成年学生的睡眠、娱乐和体育锻炼时间，不得加重其学习负担。

三、学校保护的地位

概括来说，学校保护的地位主要体现在以下几方面。

（一）学校是预防和矫治未成年人违法犯罪的重要环节

学校进行的各种教育，可以引导未成年学生逐步树立正确的人生观和世界观，形成良好的社会生活态度和习惯。"多办一所学校，少建一座监狱"，正是对学校预防和矫治青少年违法犯罪作用的概括。

（二）学校是培养社会主义建设者和接班人的阵地

为了把未成年学生培养成为一代"四有"新人，我们必须坚持不懈地对未成年人进行德、智、体、美、劳等方面的教育，使他们能够掌握全面的科学知识和劳动技能。

（三）学校是未成年人保护工作中具有特殊优势的主力军

我国各种学校有正确的教育方针、系统的学校体系、教育纲要和管理制度，而且拥有实施教育教学所必需的校舍、场地、经费和一支宏大的教师队伍。

（四）学校是集中保护未成年人合法权益的基地

中小学是未成年人聚集的重要场所。未成年学生一半的时间将在学校中度过，因此，学校对未成年学生和儿童的身心健康、受教育权、人身权及其他合法权益提供有效的保护。

四、学校保护未成年人受教育权的措施

（一）未成年人受教育权的内容

概括来说，未成年人在学校的受教育权的内容见表2-2。

表2-2　未成年人在学校的受教育权

未成年人在学校的受教育权	具体阐述
进入学校接受教育的权利	对依法应当接受规定年限义务教育的未成年人，必须按有关规定接纳他们入学，不得以任何理由将他们拒之于校门之外。义务教育法第4条规定："凡具有中华人民共和国国籍的适龄儿童、少年，不分性别、民族、种族、家庭财产状况、宗教信仰等，依法享有平等接受义务教育的权利，并履行接受义务教育的义务。"
受到德智体美劳综合教育的权利	要对学生进行综合素质教育，不仅包括智育，还要进行德育、体育、美育、劳动教育。义务教育法第3条规定："义务教育必须贯彻国家的教育方针，实施素质教育，提高教育质量，使适龄儿童、少年在品德、智力、体质等方面全面发展，为培养有理想、有道德、有文化、有纪律的社会主义建设者和接班人奠定基础。"
获得高质量教育的权利	学校对未成年人进行教育，不是传授知识就可以了，还必须保证教育教学质量。教育法第29条规定的学校应当履行的义务中就有一项："贯彻国家的教育方针，执行国家教育教学标准，保证教育教学质量。"对那些工作不负责、教育态度不认真的老师，学生有权利向学校和教育主管部门反映，并有权要求更换老师

（二）保障受教育权的措施

1. 义务教育阶段不得开除学生

义务教育是一种免费的法律强制适龄儿童必须接受的教育，对学校来说，保障学生接受义务教育是其法定义务。既然接受义务教育是义务教育阶段未成年人的法定权利，学校就负有保障此项权利的法定义务，不能以任何理由和方式剥夺或限制义务教育阶段学生的受教育权。当然，义务教育阶段学校为了管理的需要对违反学校规章制度的学生可以给予一定形式的处分，但只能是以教育学生为目的，绝不能开除学生，也不能以停课、劝退等方式变相剥夺或限制学生的受教育权。

2. 高中阶段不得随意开除学生

受教育权是宪法规定的公民权利，即使对不属于义务教育阶段的未成年学生，学校也不能随意开除。高中和大学阶段不属于义务教育，学校有权依法律规定开除严重违反校规校纪的学生。但学校开除学生是对学生最严厉的处罚措施，必须严格限制，至少同时满足实质条件和程序条件才能开除高中生。开除高中生的实质条件有两种情形。

第一，学生触犯了刑法，被移交司法机关依照相关法律追究刑事责任。

第二，学生发生了严重违反校规校纪的行为，使用其他形式的处分，如警告、记过、留校察看等不能起到教育的作用。

除了以上两个实质条件外，开除高中生还要满足程序条件，即要本着公开公正的原则，让学生充分行使陈述和辩解的权利。

学校处分学生之前，必须先向未成年人及其父母或者其他监护人说明理由并听取意见，然后才能做出对学生的最终处分决定。

需要说明的是，对于经过学校集体讨论的开除学生的决定，也并不意味着就无法改变，对于不合法和不公正的处分，教育行政主管部门应当坚决予以撤销。

五、学校保障未成年人平等的受教育权

（一）对教师的要求

平等受教育权是指未成年人在学校中有权得到和其他未成年人一样的对待，有权不受歧视。未成年人所处的环境相对简单，除家庭之外，学校是其最主要的活动场所，老师和同学是其最主要的交往对象。由于未成年人身心都相对脆弱，加上教师拥有管教学生的天然权威，学生最容易受到教师言行的影响。教师对学生身心健康发展至关重要。因此，对于教师来说，应努力做到以下几方面。

1. 关心、爱护所有学生

关心、爱护所有学生，是对教师最基本的道德要求，以及以学生为本位的教育理念的体现。教师起着为人师表的作用，其言行对学生的个性发展和世界观、价值观的形成起着潜移默化的作用，这种影响将伴随未成年人整个成长过程甚至一生。对于未成年学生而言，他们需要来自教师的关爱，这种关爱会让他们体会到温暖和安全，更有利于其身心健康。关心爱护学生的内容不但包括关心学生的学习成绩和在校表现，还包括关心学生的身体状况、心理健康、思想品德以及保护学生在校期间的各种权利不受非法侵害等各个方面。没有爱的教育必定是不成功的教育，不但不利于学生身心健康发展，而且容易产生师生矛盾，甚至可能引发教师体罚、故意伤害等恶性案件。

2. 不歧视学生

不歧视任何学生，对学生一视同仁，这是法律和道德对教师提出的双重要求。"不歧视"并不是不考虑学生的实际情况而同等对待学生，相反，给予有困难的学生更多的关怀才是其真正的含义。

在学校中，一些家境贫困、成绩不理想或身体残疾的学生经常遭受冷落甚至嘲笑。这些伤害不仅有来自同学的，还有来自教师的。教师对有困难的学生的态度往往会影响其他同学对此类学生的态度。因此，教师首先应以身作则，不歧视有困难的学生，要鼓励和引导同学，形成团结和帮助有困难的学生的良好道德风尚，给予有困难的学生更多的关爱和帮助。

（二）对学校的要求

1. 在入学方面享有平等权利

在入学方面享有平等权利主要包括以下几方面。

第一，未成年人入学不应受到性别的限制。

第二，未成年人入学不应受到民族、种族、家庭出身、宗教信仰等的限制。

第三，除了对学生身体有特殊要求的专业之外（如艺术、军事专业等），未成年人入学不应当受到身体健康状况的限制，也就是说，学校不能因为未成年人生理上的缺陷而拒绝其入学。

2. 未成年人在学习、生活中享有平等权

未成年人在学习、生活中应得到与其他未成年人相同的待遇，不能被人为地分为几等。

3. 受到公正评价的权利

具体讲，这项权利包括以下内容。

第一，学校给未成年人的评语或鉴定应实事求是。

第二，当未成年人达到获得某种奖励的标准或具备获得某种荣誉的条件时，有权获得该奖励或荣誉。学校的奖励标准或荣誉条件应公开，评选、授予行为也应公开。

第三，未成年人完成学业，符合获得学历证书的条件，有权从学校获得学历证书。

第三节　社会对未成年人的保护

一、社会保护的概念

对未成年人的社会保护是指在社会生活环境中，给未成年人提供良好的条件、场所，对未成年人实行保护，禁止他们参加一些不利于身心健康的活动。社会是一个大家庭，社会对未成年人合法权益的保护具有重要作用。归结为一点，社会对未成年人保护的作用就是创造有利于未成年人健康成长的环境。具体来讲，这种社会环境将对未成年人保护起到以下两方面的作用。

第一，保证未成年人健康成长。在丰富、复杂的社会生活中，要保证未成年人健康成长，最好的办法就是使未成年人积极参加社会活动。

第二，巩固其他保护的成果。社会保护与家庭保护、学校保护以及对违

法犯罪未成年人的司法保护是相互影响的。社会保护起到巩固家庭保护、学校保护以及司法保护的成果的作用。

二、社会保护的内容

概括来说，社会保护的内容如图2-4所示。

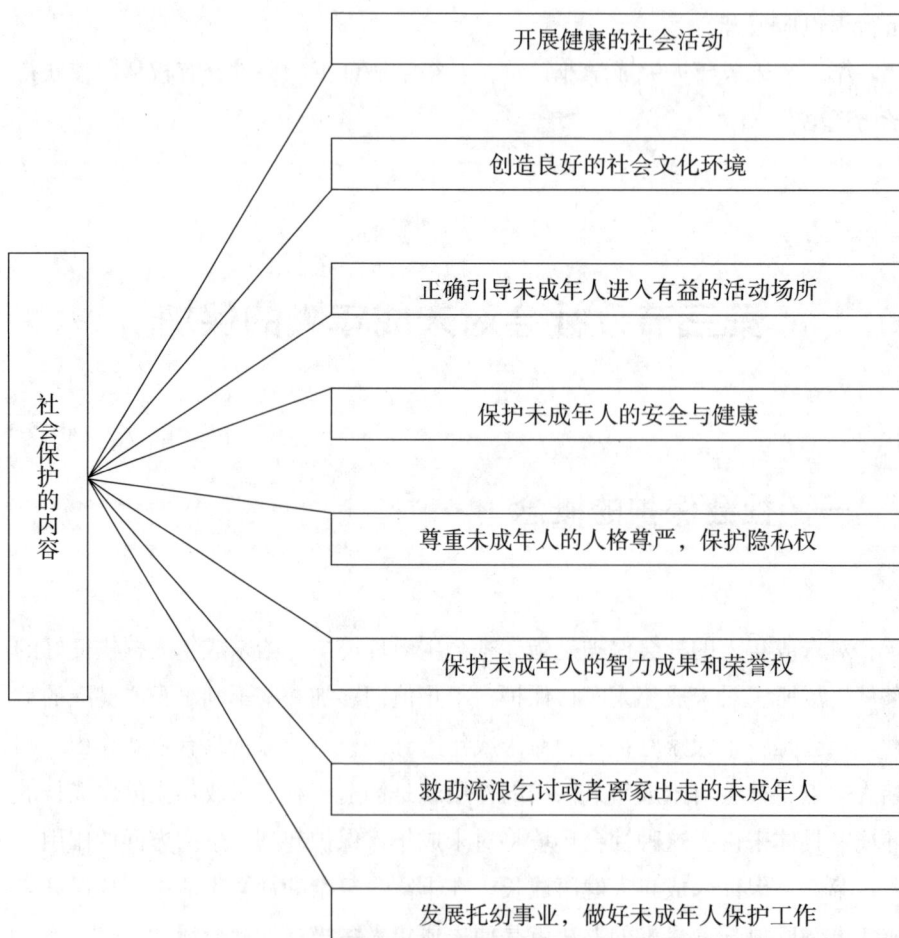

图2-4 社会保护的内容

三、社会保护的地位

社会保护具有极其重要的地位，这是由社会保护具有广泛性和综合性的特点决定的。其地位的重要性体现在以下几方面。

（一）社会保护是未成年人完成向成年人健康过渡的重要保障

未成年人完成向成年人的健康过渡，其标志主要有两个。

第一，未成年人是健康的，包括身体健康、心理健康和思想品德健康。这三者是相互联系、缺一不可的。

第二，未成年人有了较强的自我保护能力和承担责任的能力。这是未成年人向成年人过渡过程中的一个最显著的标志。

（二）社会保护是未成年人保护必不可少的组成部分

未成年人生活在社会中，无时无刻不与社会发生着关系、受到社会环境的熏陶和影响。良好的社会环境有助于培育健康向上的优秀人才。如果缺少了社会保护，对未成年人的保护就不完整，就难以避免未成年人在社会生活环境中受到各种侵害。

（三）社会保护将随着未成年人社会生活领域的扩大而越来越重要

一个人刚出生时，其生活领域是极为有限的，这时的社会保护主要侧重于安全和健康。随着未成年人的成长，客观世界对未成年人的心理产生一定的影响，这时社会保护又增加了心理健康的要求。随着未成年人年龄的增长，他们活动的范围和领域不断扩大，这更需要进一步加强和完善社会保护，切实保障未成年人健康成长。

四、建立和改善适合未成年人的活动场所和设施

（一）应当向未成年人免费或优惠开放的场所

国家教委、文化部、广播电影电视部、国家体委、全国科协、全国总工会、共青团中央、全国妇联、总政治部《关于全国各类文化设施向中小学生免费或优惠开放的意见》规定：各博物馆、纪念馆、科技馆、文化馆、体育场（馆）、影剧院等公共文化设施和国家机关、部队、企事业、社会团体所属的礼堂、文化体育设施，每年应免费向中小学生开放一至二次。博物馆、纪念馆、展览馆等，应根据中小学校教育教学需要，免费或低费接待集体参观。各营利性文化设施，如体育场（馆）、游乐场、影剧院、礼堂等应在寒暑假期间，举办中小学生专场，实行低费或免费服务。

中共中央办公厅、国务院办公厅《关于加强青少年学生活动场所建设和管理工作的通知》规定：由国家和省、自治区、直辖市有关部门命名的"爱国主义教育基地""青少年科技教育基地""德育基地"等场馆、设施，要低费或积极创造条件免费向青少年学生开放。全国各级革命博物馆、纪念馆、陈列馆、展览馆、革命烈士陵园等单位，要执行《中共中央办公厅、国务院办公厅关于转发中央宣传部、国家教委、民政部、文化部、国家文物局、共青团中央关于加强革命文物工作的意见的通知》精神，对中小学校师生有组织的参观活动实行免费，对普通高等学校师生有组织的参观活动可实行免费或半价优惠。其他各类博物馆、纪念馆、科技馆、文化馆（站）、体育场（馆）、影剧院、工人文化宫（俱乐部）等公共文化设施和企事业单位、社会团体所属的文化体育设施及校外教育设施，必须坚持公益性原则，增加向青少年学生开放的时间，节假日免费或低费向青少年学生开放。地方各级人民政府和各有关部门要在资金、税收政策等方面给予必要的支持。

（二）禁止未成年人进入的场所

未成年人的身心特点决定着他们更容易模仿他人的行为，接受环境的刺激，特别是某些特定的场所对未成年人的身心健康发展有较多的负面影响，甚至会诱发违法犯罪。为了保护未成年的身心健康，预防未成年人的不良行为和违法犯罪，未成年人保护法、预防未成年人犯罪法等法规明确规定未成年人不得进入该类场所。概括来说，不适宜未成年人进入的场所主要有以下几种。

第一，营业性台球房。

第二，互联网上网营业场所。

第三，营业性歌舞娱乐场所、酒吧、夜总会、通宵电影院；带有赌博性质的娱乐室、游戏场。

第四，电子游戏机场所在国家法定节假日外不得向中小学生开放。

第五，审定为"少儿不宜"的影片、录像、录音等播放场所。

（三）政府应切实加强未成年人校外活动场所的规划和建设

各级政府应把未成年人校外活动场所建设纳入国民经济和社会发展的总体规划中。大中城市要逐步建立布局合理、规模适当、经济实用的未成年人校外活动场所，社区文化活动中心（站）要开辟专门供未成年人活动的场地。应加大农村未成年人校外活动场所的规划和建设力度。要按照建设社会主义新农村和加快发展农村文化教育事业的要求，加强农村未成年人校外活动场所建设。农村现有的宣传文化中心（站）、科技活动站等要开辟未成年人活动场地。

各级政府要把未成年人校外活动场所运转、维护和开展公益性活动的经费纳入同级财政预算，切实予以保障。中央财政通过逐步加大转移支付力度，对中西部地区和贫困地区未成年人校外活动场所的运转和维护予以支持。各级政府要加强对未成年人校外活动场所使用经费的监督管理，提高资金使用效率。

五、保障未成年人的食品、玩具、用具和游乐设施等安全

（一）保障未成年人的食品安全

《食品安全法》规定食品安全标准应当包括"专供婴幼儿和其他特定人群的主辅食品的营养成分要求"。食品质量的好坏直接关系到未成年人的安全和健康。婴幼儿免疫力较差，容易受到病毒或细菌感染，而且不容易吸收食物的各种营养成分，所以应根据婴幼儿的年龄及生长发育的特点，为他们制定专项标准，以防止婴幼儿食品质量过低。此外，婴幼儿食品在加工过程中，必须执行国家规定的食品质量标准和有关特殊规定，如不得加入色素、香精、糖精、味精等添加剂（图2-5）。

图2-5　食品安全

（二）保障未成年人的玩具安全

玩具能给未成年人带来欢乐和幸福，但是如果玩具的质量低劣，也会威胁到他们的健康和安全。为了保护广大儿童的身心健康，有关单位要加大对质量差的产品的曝光力度。同时，对暴露出的质量问题，各地质量技术监督部门应加强对玩具有关强制性标准的宣传贯彻，继续加强对玩具生产、经销企业的监督，督促玩具生产企业严格执行有关国家标准，保证儿童的安全、健康。为确保儿童在使用玩具时的安全性，新的玩具使用说明国家标准已经出台。标准规定，生产厂家要在含有填充物的玩具上注明主要成分或材质，以确保消费者了解产品的真实材料，保护儿童的身心健康。新标准还要求标示"年龄范围"，以此作为选购玩具时的参考。标准对一系列易对儿童造成伤害的玩具作出警告的表述方法也有明确规定。

图2-6　未成年人玩具安全

（三）保障未成年人的用具安全

用具是指未成年人使用或是在保护教育未成年人时使用的物品，如奶瓶、摇篮等。我国十分重视未成年人用品的质量问题，每年都要进行产品质量抽查，凡是产品不符合国家标准的，都要对生产企业进行处罚，限期改进，严重不合格就要勒令停产。

图2-7　未成年人用具安全

（四）保障未成年人的游乐设施安全

现实生活中，因游乐设施的关键部位焊接不牢固或者其他问题而引发的未成年人伤亡事故时有发生，因此，在对未成年人游乐设施的设计、生产、安装过程中一定要考虑到未成年人的安全需要，以预防损害未成年人安全和健康的事故发生。

图2-8 未成年人游乐设施安全

第四节 司法对未成年人的保护

一、司法保护的概念

对未成年人的司法保护是指公安机关、人民检察院、人民法院、监狱、未成年人管教所等机关依法对未成年人实施的专门保护。

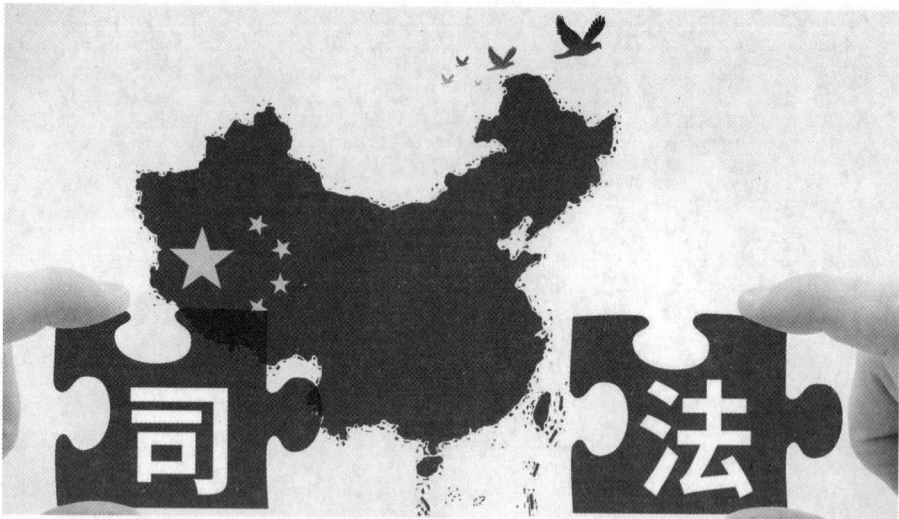

图2-9　司法保护

二、司法保护的特点

司法保护具有显著的特点，概括来说主要包括以下几方面。

（一）司法保护的主体不同

在我国，保护未成年人健康成长是全社会的责任，但司法保护则不是任何机关和部门都可以实施的。根据法律的规定，在我国能够实施司法保护的机关有人民公安机关、人民检察院、人民法院和司法行政机关四个。这四个机关既有分工，又互相配合，相互制约，共同做好对违法犯罪分子的惩处、改造和挽救工作。当然，司法机关履行职责保护未成年人的合法权益，这只是其职责的一方面。

（二）司法保护的手段与其他保护不同

司法保护作为司法机关所特有的职责和任务，在付诸实施和具体落实时必须借助一种特殊的手段——法律制裁手段，主要包括刑事制裁、民事制裁和行政处罚。

三、司法保护的作用

概括来说，司法保护的作用主要体现在以下几方面。

（一）人民法院依法审理各种民事案件，维护未成年人的合法权益

在司法实践中，人民法院审理的涉及未成年人合法权益的民事案件范围很广。人民法院开展审判活动和依法做出正确的裁决，对保障未成年人的合法权益发挥主要作用。

（二）司法机关通过严厉打击制裁违法犯罪行为，维护未成年人的合法权益

未成年人由于生理、心理尚不成熟，自我保护能力较弱，极易受到犯罪分子的侵害。所以司法机关打击严重刑事犯罪活动，惩罚违法犯罪行为，是保护未成年人合法权益的有力手段，具有极其重要的意义。

（三）司法机关在办案过程中依法保护违法犯罪的未成年人的合法权益

《中华人民共和国未成年人保护法》对于违法犯罪的未成年人有许多保

护性和特殊规定，充分体现了司法机关在办案和教育改造违法犯罪的未成年人的过程中，尊重他们的人格，依法保护他们的权益。

四、未成年人的刑事司法保护

未成年人的刑事司法保护包括以下几方面。[①]

第一，公安机关、人民检察院、人民法院办理未成年人犯罪案件和涉及未成年人权益保护的案件，应当尊重他们的人格尊严，保障他们的合法权益。

第二，对违法犯罪的未成年人，应当依法从轻、减轻或者免除处罚。我国《刑法》明确规定，对于未成年人犯罪的，不适用死刑。

第三，公安机关、人民检察院讯问未成年犯罪嫌疑人，询问未成年证人、被害人，应当通知监护人到场。

第四，对未成年人犯罪案件，新闻报道、影视节目、公开出版物、网络等不得披露该未成年人的姓名、住所、照片、图像以及可能推断出该未成年人的资料。

第五，对12周岁以上不满16周岁的少年被告人一律不公开审理。对16周岁以上不满18周岁的少年被告人一般也不公开审理。

在司法保护中，检察机关职责重大。"司法"之外的"五大保护"，都与检察司法履职密切相关。比如结合办案，检察机关对涉罪未成年人的"问题父母"进行家庭教育指导，对校园欺凌犯罪依法惩治，促进社会和网络环境治理等。

检察机关在办案中发现其他"五大保护"存在突出问题的，将通过检察建议、公益诉讼、情况通报、联合督导等多种方式开展法律监督，推动未成年人保护法律规定落到实处。如根据未成年人保护法第一百一十四条的规

---

① 纳瑛.健康成长法保护：未成年人保护的法律问题[M].昆明：云南大学出版社，2010.

定，检察院发现有关单位未尽到未成年人教育、管理、救助、看护等保护职责的，将依法向该单位提出建议。检察机关应认真贯彻落实"两法"，把未成年人检察保护的质量、效益摆在优先位置，加快推进未成年人检察业务统一集中办理，不断深化未成年人全面综合司法保护，具体发挥六方面的作用：以严惩侵害未成年人犯罪为重点，加大对未成年被害人的保护救助力度；以完善罪错未成年人分级干预机制为基础，推动保护、教育、管束一体落实；以未成年人检察业务统一集中办理为抓手，实现未成年人全面综合司法保护；以监督落实"一号检察建议"为牵引，促进未成年人保护的社会治理和制度建设；以深化法治副校长工作为引领，创新未成年人法治宣传教育；以持续加强未成年人检察专业化、规范化、社会化建设为基础，保障未成年人检察实现高质量发展。

未成年人保护是一项系统工程，需要全社会共同参与。检察机关将积极参与未成年人保护工作协调机制建设，加强与公安、法院、教育、民政等有关部门以及共青团、妇联、关工委等组织的协作配合，形成良性、互动、积极的工作关系，共同保障未成年人的合法权益。

五、未成年人的民事司法保护

未成年人的刑事司法保护包括以下几方面。[①]

第一，人民法院审理继承案件，应当依法保护未成年人的继承权和受遗赠权。

第二，人民法院审理离婚案件，涉及未成年子女抚养问题的，应当听取有表达意愿能力的未成年子女的意见。

第三，父母或者其他监护人不履行监护职责或者侵害被监护的未成年人的合法权益，经教育不改的，人民法院可以根据有关人员或者有关单位的申

---

① 纳瑛.健康成长法保护：未成年人保护的法律问题[M].昆明：云南大学出版社，2010.

请，撤销其监护人的资格，依法另行指定监护人。被撤销监护资格的父母应当依法继续负担抚养费用。

六、未成年人受遗赠权的司法保护

《中华人民共和国民法典》第二十一条规定："不能辨认自己行为的成年人为无民事行为能力人，由其法定代理人代理实施民事法律行为。八周岁以上的未成年人不能辨认自己行为的，适用前款规定。"无行为能力人、限制行为能力人受遗赠权的行使方式如下。

第一，无行为能力人、限制行为能力人接受遗赠的手续应由其法定代理人代为办理。

第二，无行为能力人、限制行为能力人是否放弃或者接受遗赠，他本身无权决定，而由其法定代理人决定。

第三，限制行为能力人也可以在征得法定代理人的同意后，自己行使受遗赠权。

七、未成年人继承权的司法保护

继承权是将死者生前所有的个人财产和其他合法权益转归有权取得该项财产和权益的人所有的法律制度。概括来说，未成年人继承权的司法保护主要体现在以下几方面。[1]

（1）在法定继承中依法对未成年人的继承份额予以特殊照顾。未成年人没有独立的生活来源，不具有成年人一样的劳动能力，为了维持其生活和保

---

[1]《未成年人保护法学习导读》编写组.未成年人保护法学习导读[M].北京：中国妇女出版社，2008.

障其健康成长，一般在分配遗产的份额时，都要予以适当照顾。

（2）在遗嘱继承案件中依法对未成年人继承权的保护。遗嘱继承就是按照遗嘱内容进行的继承。继承法在规定立遗嘱自由的同时，对遗嘱自由又有一些限制性的规定。也就是说，公民在立遗嘱时，法律赋予其一定的自由处分遗产的权利，但这种权利是有限度的。遗嘱应为缺乏劳动能力又没有生活来源的继承人保留必要的遗产份额。未成年人作为缺乏劳动能力又无生活来源的人，如果遗嘱中未为其保留必要的份额，继承开始后，依法应当为其保留必要的遗产份额作为抚养教育费用。被遗嘱剥夺了继承权的无独立生活能力的未成年人，可依继承法中法定继承的规定，继承其应继承的份额，必要时还可以适当多分。

（3）规定了代位继承。代位继承是指被继承人的子女先于被继承人死亡时，由被继承人的死亡子女的晚辈直系血亲代替该先死子女继承被继承人遗产的法律制度。继承法设立代位继承制度的目的在于保障被继承人的晚辈直系血亲，特别是未成年的晚辈直系血亲的物质生活和经济利益。

（4）未成年人的继承权被侵犯，可通过法律程序保护自己。根据法律规定，未成年人的继承权被侵犯时，首先应当在互谅互让、和睦团结的精神下协商处理，由未成年人的监护人代理进行协商，协商不成的，可以向法院起诉。

（5）父母离婚后，未成年子女仍然依法享有对父、母双方的遗产继承权。任何单位和个人均不得干涉，且该继承权的实现受到法律的保障。

（6）对胎儿继承权的保护。孕妇腹中的胎儿不是完全意义上的人，因此不能将其作为被继承人的继承人。但为保证胎儿出生后具有必要的抚养条件和生活及其合法权益，我国继承法对未出生胎儿的继承权也依法作出了保护规定。根据规定，遗产分割时不论是法定继承或者遗嘱继承，都必须为胎儿保留继承份额。

第五节　政府对未成年人的保护

2020年10月17日，第十三届全国人民代表大会常务委员会第二十二次会议第二次修订《中华人民共和国未成年人保护法》，自2021年6月1日起施行。这次修订从我国现阶段的国情出发，针对未成年人保护方面存在的突出问题，进一步明确了未成年人的权利和保护未成年人的原则，凸显了政府执法主体的地位，强化了法律责任，使得该法的针对性和适用性大大增强，充分体现了党和国家对未成年人的关心和爱护。

保护未成年人是全社会的共同责任，各级政府责任尤为重大。新法进一步明确了政府及其有关部门执法主体的地位和职责。可以说，进一步明确和强化政府及其有关部门的职责是本法修订的重点之一。具体来说，各级人民政府对未成年人的保护可以从以下几方面入手。

第一，各级人民政府应创造条件，建立和改善适合未成年人文化生活需要的活动设施。

第二，培养、训练幼儿园、托儿所的保教职员，加强对他们的政治和业务教育。

第三，积极发展托幼事业，努力办好托儿所、幼儿园，鼓励和支持国家机关、社会团体、企事业单位和其他力量兴办哺乳室、托儿所、幼儿园，提倡和支持举办家庭托儿所。

第四，对已接受完规定年限的义务教育不再升学的未成年人，进行职业技术培训，为他们创造劳动就业条件。

目前，随着社会经济的发展，农村剩余劳动力外出务工规模逐步扩大，农村留守儿童逐渐增多，对于这些未成年人，政府更应该加强对他们的保护。留守儿童权益保护中的政府责任见表2-3。

表2-3　留守儿童权益保护中的政府责任[①]

留守儿童权益保护中的政府责任	具体阐述
保障留守儿童健康成长	随着社会经济的发展，民主建设也得到相应的推进，我国留守儿童相关权益保护也取得了一定的进展。但由于受到历史、经济以及社会等各方面原因的影响，我国还存在着相应的不适宜留守儿童成长的环境因素。留守儿童合法权益屡遭侵害的现象时有发生，留守儿童基本上都生活在农村地区，生活以及学习条件相对都较为艰苦。对于大多数的儿童来讲，在校的午餐往往是一盒米饭或者缺乏营养的饭菜，儿童基本的健康生活权利得不到保障。此时，政府应担负起留守儿童基本的生存和发展责任，利用政府民生工程的形式，为留守儿童提供诸如"爱心午餐""爱心牛奶"以及"爱心鸡蛋"等关爱行动，从而使得留守儿童健康快乐成长
保障留守儿童的受教育权	农村留守儿童群体作为社会经济发展的产物，同时也是社会发展中的弱势群体，不断增加的农民工群体催生了一大批留守儿童，其教育问题随之出现，并衍生出各方面的问题。我国公民拥有受教育权，这是法律赋予公民的基本权利。然而很多留守儿童由于种种原因，并没有得到良好的教育，这就要求政府进行干预，保障留守儿童享有受教育权利
保障留守儿童的良好行为与道德规范	作为社会群体的一部分，留守儿童同样需要遵循一定的社会行为规范，具备良好的道德素质，从而能够建立正常的社会关系。由此可以看出，留守儿童良好的行为道德规范，同样也是政府的责任之一。对于留守儿童来讲，由于长期脱离父母监管，对于祖辈的照顾，也只是在饮食起居上进行照顾。而在留守儿童的日常行为规范以及道德教育上，则较为缺乏，由此导致留守儿童思想行为的偏离，影响到社会活动规则。在政府责任的实施中，将进一步保障留守儿童良好的行为道德规范作为社会活动的一部分，促使留守儿童在客观上养成良好的学习习惯和生活习惯，进而促使留守儿童健康成长
保障留守儿童拥有健康心理	对于留守儿童，由于平时与父母联系较少，缺乏关心和照顾，与同龄的孩子接触较少，往往形成性格孤僻、怯弱以及自卑的心理。就政府的角度，为了实现社会的和谐，应当对留守儿童进行全面的关爱，在保障其基本权益的基础上，还应当对其健康成长予以关注。无论是党中央、国务院，还是地方政府等，都对留守儿童权益保护给予高度重视

---

① 王贺. 留守儿童权益保护中的政府责任——以Z市为例[D].泰安：山东农业大学，2018.

第三章 未成年人保护的原则及法律责任

　　1991年9月和1999年6月，全国人大常委会分别通过了《中华人民共和国未成年人保护法》和《中华人民共和国预防未成年人犯罪法》，至此，未成年人权益保护步入法制轨道。未成年人权益保护制度在法律层面上建立起来。本章首先对未成年人保护法的特征进行简要阐述，接着对我国未成年人保护工作的原则以及违反未成年人保护的法律责任进行研究。

第一节 未成年人保护法的特征

　　《中华人民共和国未成年人保护法》具有以下几个主要特征（图3-1）[1]。

---

[1] 王大明.有效保护未成年人[M].兰州：甘肃文化出版社，2005.

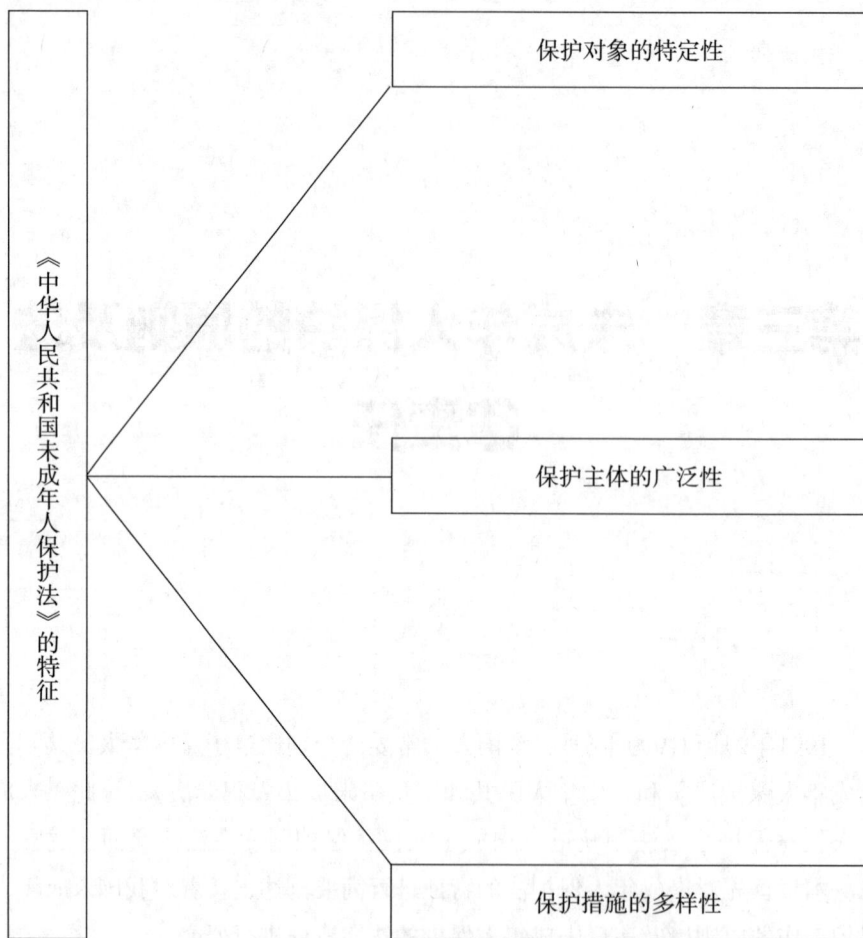

图3-1 《中华人民共和国未成年人保护法》的特征

一、保护对象的特定性

保护对象的特定性是《中华人民共和国未成年人保护法》的基本特征。一般来说，普通法律的保护对象是全体公民的权利与权益。《中华人民共和国未成年人保护法》的保护对象是未成年人，即从出生之日起到18周岁以前的个体。在未成年人保护对象的特定性方面，有几种未成年人的保护是需要特别注意的。

（一）在我国境内居住的或者旅游的外国或无国籍的未成年人应属于本法的保护对象

尽管《中华人民共和国未成年人保护法》对此没有作出直接的规定，但《中华人民共和国宪法》第三十二条规定："中华人民共和国保护在中国境内的外国人的合法权益和利益。"

（二）计划外生育或没有户口的未成年人同样受到法律的保护

计划生育是我国的一项基本国策，实行计划生育是公民必须履行的义务。但是由于历史、经济、文化等各种因素的影响，不可避免地会出现因违反计划生育、超生而没有户口的未成年人。虽然这些孩子因为没有进行户口登记而可能影响或丧失某些权利，但他们仍然是中华人民共和国的公民，应该适用中国的法律。

（三）未出生的胎儿不属于《中华人民共和国未成年人保护法》的保护对象

一般来说，胎儿在出生之前不具备权利能力，不是法律规定的享有权利义务的主体。《中华人民共和国民法典》第十六条规定："涉及遗产继承、接受赠与等胎儿利益保护的，胎儿视为具有民事权利能力。但是，胎儿娩出时为死体的，其民事权利能力自始不存在。"在这里法律保护的不是胎儿权利，而是胎儿出生后应享有的权利。

二、保护主体的广泛性

未成年人生活在广阔的社会环境中，他们的成长与家庭、学校、社会等息息相关，对未成年人的保护涉及全社会的各个方面，这就决定了《中华人民共和国未成年人保护法》在保护主体上的广泛性特征。

《中华人民共和国未成年人保护法》第六条明确规定："保护未成年人，是国家机关、武装力量、政党、人民团体、企业事业单位、社会组织、城乡基层群众性自治组织、未成年人的监护人以及其他成年人的共同责任。国家、社会、学校和家庭应当教育和帮助未成年人维护自身合法权益，增强自我保护的意识和能力。"现代社会中，未成年人的成长受到家庭、学校、社会等多方面因素的影响。因此，保护未成年人必须运用法律手段，依靠全社会的力量，进行深入持久的综合治理。《中华人民共和国未成年人保护法》从家庭保护、学校保护、社会保护、司法保护等几个方面来优化未成年人健康成长的各种环境。

《中华人民共和国未成年人保护法》第十条明确规定："共产主义青年团、妇女联合会、工会、残疾人联合会、关心下一代工作委员会、青年联合会、学生联合会、少年先锋队以及其他人民团体、有关社会组织，应当协助各级人民政府及其有关部门、人民检察院、人民法院做好未成年人保护工作，维护未成年人合法权益。"

（一）中央和地方各级国家机关应在各自职责范围内做好未成年人保护工作

第一，国家审判机关应当按照《中华人民共和国刑法》的有关规定，及时惩治侵犯未成年人合法权益的犯罪，保护未成年人的合法权益不受侵犯。

第二，全国人民代表大会及其常务委员会要加强关于未成年人保护的立法和监督立法的工作。省、自治区、直辖市人民代表大会及其常务委员要结合本地区未成年人保护工作的实际，根据未成年人保护法的立法精神，制定本地区有关未成年人保护工作的规定、条例，并监督其实施。

第三，国家检察机关应对国家机关及其工作人员执行《中华人民共和国未成年人保护法》和《中华人民共和国义务教育法》等法律的情况实行法律监督，并及时对侵犯未成年人权益的刑事被告人提起公诉，交付法院审判。

第四，人民解放军要当好保卫祖国的钢铁长城，为未成年人的成长创造一个和平、安全的环境。

（二）国务院和省、自治区、直辖市的人民政府要协调有关部门做好未成年人保护工作

各级人民政府是《中华人民共和国未成年人保护法》和《中华人民共和国义务教育法》的主要实施者，起着动员社会各方力量来完成未成年人保护工作的作用。为此，各级人民政府应当建立由有关方面参加的负责协调未成年人保护工作的组织。

（三）共产主义青年团、妇女联合会、工会、青年联合会少年先锋队及其他有关社会团体要起到保护未成年人的作用

这些组织和团体要以反映和代表未成年人的利益为己任，及时地、经常性地向国家机关部门和社会反映未成年人的心声和利益，并协助国家和社会在未成年人中宣传有关的政策和法律，在未成年人和国家之间发挥桥梁的作用。

三、保护措施的多样性

《中华人民共和国未成年人保护法》从家庭保护、学校保护、社会保护、司法保护等各个方面规定了一系列的保护措施。除了规定保护性措施外，还特别规定了对未成年人进行教育培养方面的内容，把教育培养和保护措施结合起来，更加突出地体现了《中华人民共和国未成年人保护法》的特色。

图3-2　未成年人保护法

第二节　我国未成年人保护工作的原则

　　保护未成年人工作应当遵循一定的原则，这些基本原则是对我国保护未成年人工作经验的高度概括，是从保护未成年人法律制度和具体制度中精确提炼出来的，它指导未成年人保护工作的实践，保障未成年人保护工作制度和具体措施的贯彻实施，准确适用。概括来说，这些原则主要包括以下几方面（图3-3）。

```
                    ┌─────────────────────────────────┐
                    │      尊重未成年人人格尊严的原则       │
                    └─────────────────────────────────┘

┌───┐               ┌─────────────────────────────────┐
│未 │               │      保障未成年人合法权益的原则       │
│成 │               └─────────────────────────────────┘
│年 │
│人 │
│保 │
│护 │
│工 │               ┌─────────────────────────────────┐
│作 │               │     适应未成年人身心发展特点的原则      │
│的 │               └─────────────────────────────────┘
│原 │
│则 │
└───┘
                    ┌─────────────────────────────────┐
                    │       教育与保护相结合的原则         │
                    └─────────────────────────────────┘
```

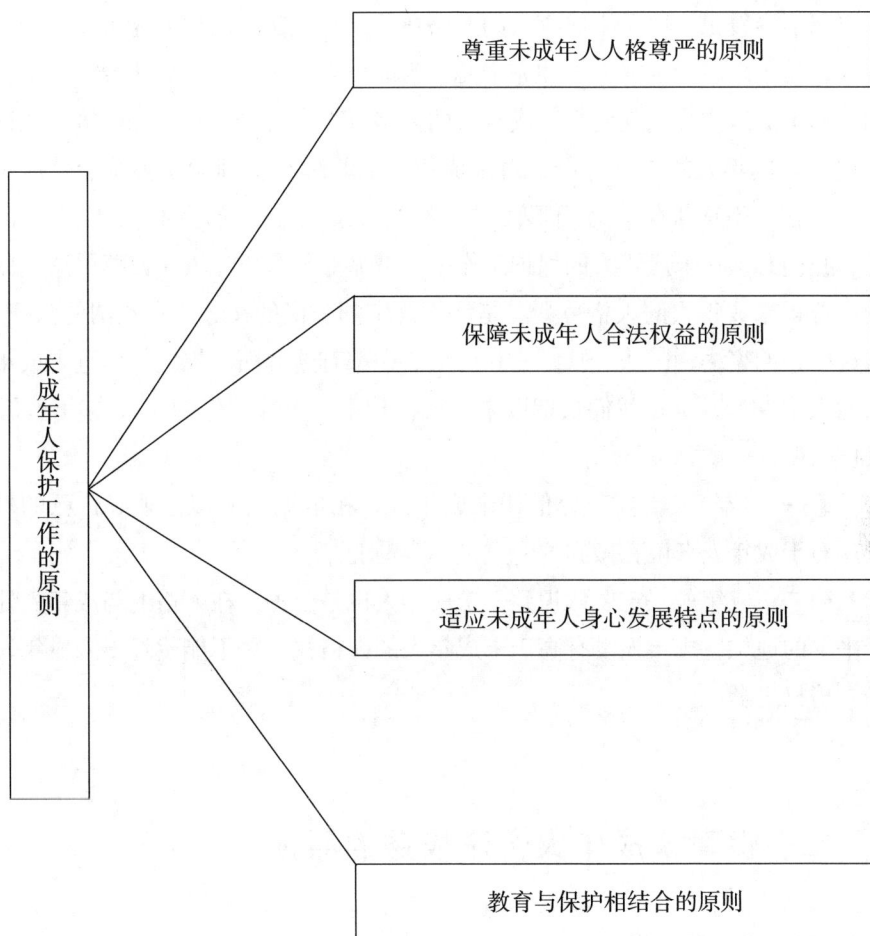

图3-3　未成年人保护工作的原则

一、尊重未成年人人格尊严的原则

　　人格又称为"人格权"，人格权属于人身权，是人身权最基本的内容。我国社会主义制度的建立和经济的发展，为全体公民实现人格的完全平等创造了良好的条件。我国的法律确认每一个公民都有同等的人格权，公民的人格尊严不容侵犯。尊重未成年人的人格尊严，在现实生活中尤为重要。未成年人，属于限制行为能力人和完全无行为能力人，大多处于受抚养、受教育和被监护的地位，这就使得未成年人的人格尊严常常受到忽视和侵害。忽视和侵害未成年人的人格尊严，对未成年人的心理和生理的伤害是十分严重的，它往往造成被侵害者畸形发展，甚至会误入歧途或走向自我毁灭。因此，我们必须在未成年人的保护工作中，遵循尊重未成年人人格尊严这一原则。尊重未成年人的人格尊严，是法律规定的公民的义务。在我国的法律、法规中，如宪法、民法、婚姻法和诉讼法中都有这方面的规定。尊重未成年人的人格尊严，也是我们长期以来开展保护未成年人工作的一条成功经验。具体来说，应做到以下两点。

第一，成年人需要充分信任未成年人，相信他们能够处理好自己的事务。对于成年人来说，做到这一点是不容易的。

第二，成年人一定要认识到，未成年人也是公民，在人格上与成年人处于平等的地位，成年人没有高于未成年人的人格权，更不能凌驾于未成年人的人格权之上。

二、保障未成年人合法权益的原则

合法权益是指根据《中华人民共和国宪法》规定的，公民依法享有的权利和利益。未成年人是公民的一个重要部分，因此，其拥有法律、法规所规定的公民的合法权益。保障未成年人合法权益，就是国家、社会和家庭依法保护未成年人的权益，防止侵害未成年人合法权益的行为发生。未成年人的权利意识和自我保护能力比成年人差，同时，未成年人处在心理和生理的发育生长时期，保护未成年人合法权益尤其重要。贯彻保障未成年人合法权益的原则，有助于更好地使用《中华人民共和国未成年人保护法》所规定的各项具体制度，尤其是在复杂和繁重的保护未成年人权益的实际工作中，依据本条原则的基本精神，结合具体情况开展工作。而且，还要求公民家庭、城乡基层群众性自治组织、企事业组织、社会团体、国家机关在保护未成年人工作中，认真地执行《中华人民共和国未成年人保护法》，准确地运用保护未成年人的制度，恰当地实施保护未成年人工作的措施。只有这样才能贯彻落实这一原则，真正地保障未成年人的合法权益。

三、适应未成年人身心发展特点的原则

未成年人身心发展的特点对其今后的发展具有重大的影响。保护未成年人工作应当适应未成年人身心发展的特点，要求我们必须对未成年人的身心发展有充分的认识，只有这样，才能在保护未成年人的工作中，自觉地遵循适应未成年人身心发展的特点的原则。具体来说，未成年人身心发展特点包括未成年人身体发展特点和心理发展特点两方面（图3-4）。

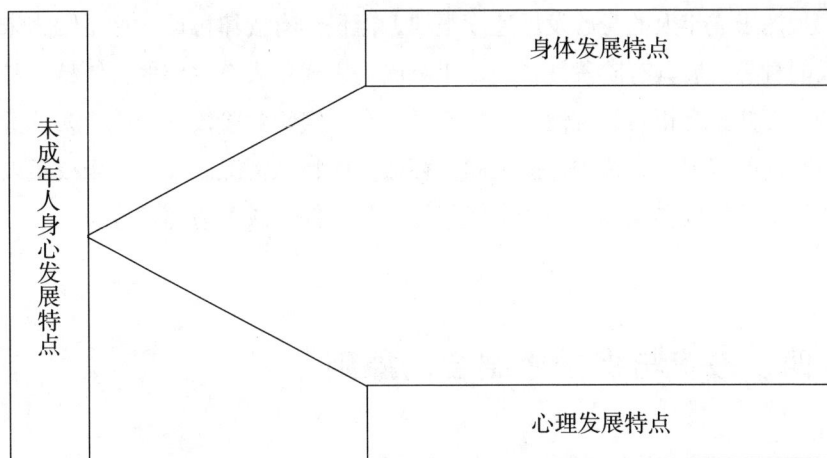

图3-4　未成年人身心发展特点

（一）身体发展特点

从身体方面来说，其发展可分为体形的发展和组织机能的发展两个方面。

1. 体形的发展

未成年人的体形从出生到成年经历了一个由小到大，由不健全到逐步健全的过程。

2. 组织机能的发展

组织机能主要是由不健全到健全的过程。

身体的发展，无论是体形还是组织机能，其发展速度是比较迅速的，变化非常明显。

（二）心理发展特点

未成年人的心理发展也是非常迅速的，从对外界的刺激反应、条件反射发展到进行分析的思维活动。这些都是由简单到复杂，由低级向高级发展的。

虽然未成年人的身心发展速度很快，但仍然有规律可循。这是因为未成年人的身心发展具有阶段性，一定年龄段的未成年人有一定的身体特征和心理特征，并具有相对稳定性。一般来说，在一定年龄阶段的未成年人的身体和心理发展基本是一致的，但也确实存在一些特殊情况。如一些未成年人的身体发育较慢或有残疾，一些未成年人的智力偏低或智力超常等。

四、教育与保护相结合的原则

教育是未成年人学习、掌握知识的重要手段，是通过一定的手段，将知识、技能、观念、品行等传授给未成年人，使未成年人掌握知识和劳动技能，使其掌握成年后谋生的手段，从而成为能够适应社会需要、全面发展的人。当然，对未成年人教育的主要目的是使他们全面发展，成为社会主义事业的接班人和社会主义现代化的建设者。

对未成年人的教育实际上也起着对未成年人保护的作用。融保护于教育之中，在保护中加强教育，切实贯彻实施教育与保护相结合的原则。教育使未成年人身心得到发展，并促使其不断完善，增强了未成年人抵御外界侵害的能力，实现未成年人的自我保护。同时，教育也使未成年人学会自尊、自重、自强、自信和自爱，保障未成年人健康成长。

第三节　违反未成年人保护的法律责任

侵害未成年人应当承担的法律责任，是指公民、法人、有关机关团体及其他社会组织违反法律规定侵犯未成年人的合法权益，依法应当承担的某种法律后果。根据我国相关法律的规定，侵害未成年人的法律责任共有三类（图3-5）。

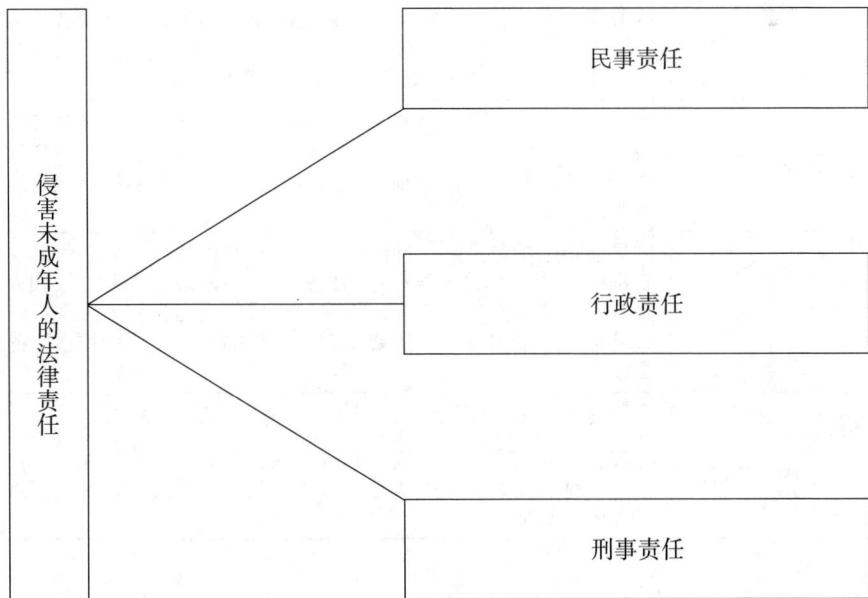

图3-5　侵害未成年人的法律责任

一、侵害未成年人合法权益的民事责任

《中华人民共和国未成年人保护法》中规定，侵害未成年人的合法权益，对其造成财产损失或者其他损害的，应当依法承担民事责任。根据《中华人民共和国民法通则》等相关法律的规定，侵害未成年人合法权益，应当承担的民事责任见表3-1。[①]

表3-1　侵害未成年人合法权益的民事责任

侵害未成年人合法权益的民事责任	具体内容
消除危险	这种民事责任适用于虽然尚未造成未成年人的财产、人身的实际损害，但是有造成损害的急迫的危险，则未成年人的监护人或代理人可以要求造成危险的人采取措施消除危险
停止侵害	这种民事责任适用于所有正在进行的侵犯未成年人合法权益的行为，侵犯未成年人财产权和人身权都应当承担此责任
恢复原状	这种民事责任适用于未成年人财产遭到他人的损害，但是尚有恢复原状的可能的情况。比如，非法占用未成年人依法继承的房屋，并堆积杂物，则不仅应当返还房屋，还应当清除杂物，恢复侵权行为发生之前的房屋原状。一般来说，造成未成年人财产损失的，如果能够恢复原状，应当尽量恢复原状。只有难以恢复原状的，才承担赔偿损失的民事责任
返还财产	当一方当事人占有他人的财产，但没有合法权利作为依据时，应当将对方的财产返还。此种责任方式的一个前提是，原物尚存在。如果原物已经不存在，则责任人应当依法承担赔偿损失等责任
赔偿损失	这是适用范围最广的一种责任方式。在我国法律上的赔偿损失专指以金钱的方式赔偿对方的损失。侵犯未成年人财产权和人身权都可能发生这种责任。在侵犯未成年人名誉权等人身权造成精神损害的情况下，还要承担以金钱的方式赔偿精神损害的责任
赔礼道歉	这种责任形式一般适用于未成年人人身权受到侵害的情况
消除影响、恢复名誉	这种责任形式适用于未成年人姓名权、肖像权、名誉权、荣誉权等人身权受到侵犯的情况，因为这几种侵权通常会对受害人的名誉造成损坏

[①] 纳瑛.健康成长法保护：未成年人保护的法律问题[M].昆明：云南大学出版社，2010.

二、侵害未成年人合法权益的行政责任

这里所说的行政责任是指违反了未成年人保护的行政法律规范，侵害未成年人的合法权益所应承担的法律责任。这里的"法律责任"主要是对侵害未成年人合法权益应当承担的行政责任的规定，主要规定了几个方面的内容，见表3-2。[①]

表3-2　侵害未成年人合法权益的行政责任

侵害未成年人合法权益的行政责任	具体内容
国家机关及其工作人员的行政责任	国家机关及其工作人员不依法履行保护未成年人合法权益的责任，或者侵害未成年人合法权益的，由其所在单位或者上级机关责令改正，对直接负责的主管人员和其他直接责任人员依法给予行政处分
教育机构及其员工的行政责任	（1）教育机构侵害未成年人合法权益的，由教育行政部门或者其他有关部门责令改正；情节严重的，对直接负责的主管人员和其他直接责任人员依法给予处分 （2）教育机构员工对未成年人实施体罚、变相体罚或者其他侮辱人格行为的，由其所在单位或者上级机关责令改正；情节严重的，依法给予处分
用人单位非法招用童工及违反未成年工特殊劳动保护规定的行政责任	非法招用未满十六周岁的未成年人，或者招用已满十六周岁的未成年人从事过重、有毒、有害等危害未成年人身心健康的劳动或者危险作业的，由劳动保障部门责令改正，处以罚款；情节严重的，由工商行政管理部门吊销营业执照

---

① 纳瑛.健康成长法保护：未成年人保护的法律问题[M].昆明：云南大学出版社，2010.

续表

侵害未成年人合法权益的行政责任	具体内容
其他妨害社会管理秩序、侵害未成年人合法权益的行政责任	（1）制作或者向未成年人出售、出租或者以其他方式传播淫秽、暴力、凶杀、恐怖、赌博等图书、报刊、音像制品、电子出版物以及网络信息等的，由主管部门责令改正，依法给予行政处罚 （2）生产、销售用于未成年人的食品、药品、玩具、用具和游乐设施不符合国家标准或者行业标准，或者没有在显著位置标明注意事项的，由主管部门责令改正，依法给予行政处罚 （3）在中小学校园周边设置营业性歌舞娱乐场所、互联网上网服务营业场所等不适宜未成年人活动的场所的，由主管部门予以关闭，依法给予行政处罚 （4）营业性歌舞娱乐场所、互联网上网服务营业场所等不适宜未成年人活动的场所允许未成年人进入，或者没有在显著位置设置未成年人禁入标志的，由主管部门责令改正，依法给予行政处罚 （5）向未成年人出售烟酒，或者没有在显著位置设置不向未成年人出售烟酒标志的，由主管部门责令改正，依法给予行政处罚 （6）侵犯未成年人隐私，构成违反治安管理行为的，由公安机关依法给予行政处罚 （7）胁迫、诱骗、利用未成年人乞讨或者组织未成年人进行有害其身心健康的表演等活动的，由公安机关依法给予行政处罚 （8）未成年人救助机构、儿童福利机构及其工作人员不依法履行对未成年人的救助保护职责，或者虐待、歧视未成年人，或者在办理收留抚养工作中牟取利益的，由主管部门责令改正，依法给予行政处分

三、侵害未成年人合法权益的刑事责任

侵害未成年人合法权益构成犯罪的，依法承担刑事责任。刑事责任是与行政责任完全不同的，其具体表现见表3-3。

表3-3 刑事责任与行政责任的不同之处

刑事责任与行政责任的不同	具体阐述
追究的违法行为不同	追究行政责任的是一般违法行为;追究刑事责任的是犯罪行为
追究责任的机关不同	追究行政责任由国家特定的行政机关依照有关法律的规定决定；追究刑事责任只能由司法机关依照《刑法》的规定决定
承担法律责任的后果不同	追究刑事责任是最严厉的制裁，可以判处死刑，比追究行政责任严厉得多

我国《刑法》通过增设和完善侵害未成年人合法权益的罪名，来保护未成年人，特别是儿童、幼女，从而为未成年人健康成长创造更好的环境。

第四章　未成年人犯罪及其预防

　　未成年人是祖国的未来，是民族的希望，对一个国家和民族来说，其重要性不言而喻。然而，严峻的未成年人犯罪现实，不仅是困扰现代社会的一大世界性难题，更严重影响着社会和家庭的安宁，影响着现代社会的科学发展与和谐社会的构建。当前，未成年人犯罪的持续攀高，以及其表现出的行为破坏性、结果危害性和原因复杂性，使得未成年人犯罪问题成为全社会关注的社会问题，也是我国当今必须直面和解决的一个紧迫的问题。因此，在推行社会管理创新的今天，为了社会的安定和可持续发展，全面科学地做好未成年人犯罪预防工作，既是一项利在当代、功在千秋的宏伟事业，又是当前社会治理的当务之急，它对社会安定、国家发展、民族兴旺具有十分重要的现实和战略意义。

第一节　未成年人犯罪概述

一、我国对未成年人犯罪的界定

我国《刑法》第十七条规定："已满16周岁的人犯罪，应当负刑事责任。""已满14周岁不满16周岁的人，犯故意杀人、故意伤害致人重伤或者死亡、强奸、抢劫、贩卖毒品、放火、爆炸、投毒罪的，应当负刑事责任"。"已满14周岁不满18周岁的人犯罪，应当从轻或者减轻处罚。""已满12周岁不满14周岁的人，犯故意杀人、故意伤害罪，致人死亡或者以特别残忍手段致人重伤造成严重残疾，情节恶劣，经最高人民检察院核准追诉的，应当负刑事责任。""因不满16周岁不予刑事处罚的，责令其父母或者其他监护人加以管教；在必要的时候，依法进行专门矫治教育。"

我国《刑法》对未成年人犯罪的界定，是根据未成年人的各种犯罪实际情况作出的，体现了以教育为主，惩罚为辅的原则。[1]

二、我国未成年人犯罪基本状况简介

我国未成年人犯罪是在1976以后的改革开放过程中才发展成为有统计意

---

① 冯云翔.未成年人犯罪及预防[M].哈尔滨：哈尔滨工业大学出版社，2002.

义的社会现象的。虽然中华人民共和国成立初期全国犯罪的统计数据不很完备，但从现存的数据看足以充分地证明，那时的未成年人犯罪根本不构成社会问题。1953年，经济较为发达的东南某省未成年人犯罪的统计数字是11名。在这些未成年人犯罪中，基本上是一般的偷窃、流氓等较轻的犯罪。同期经济较不发达的西部某大城市的未成年人抢劫罪只有1件，案犯1人。但1976年，全国的未成年人犯罪迅猛上升，很快演化成令人瞩目的社会问题。根据中国青少年犯罪研究会提供的资料，这一时期有些地区未成年人犯罪的年增幅高达30%以上。青少年犯罪成为刑事犯罪的主体，未成年人犯罪又占半数以上。之后，未成年犯罪继续向低龄化发展。概括来说，我国未成年人犯罪的基本概况如下。

第一，犯罪性质趋于复杂化和严重化。

第二，犯罪数量呈持续高发状态。

第三，未成年人初次犯罪占犯罪人的绝对多数且进一步向低龄化发展。

第四，较早不接受教育的未成年人犯罪率比较高。

第五，未成年人流动作案率较高。

第二节　未成年人犯罪的特征

未成年犯罪具有显著特征，概括来说主要包括以下几方面（图4-1）。

盲目性

纠合性

未成年人犯罪的特征

冲动性

残暴性

模仿性

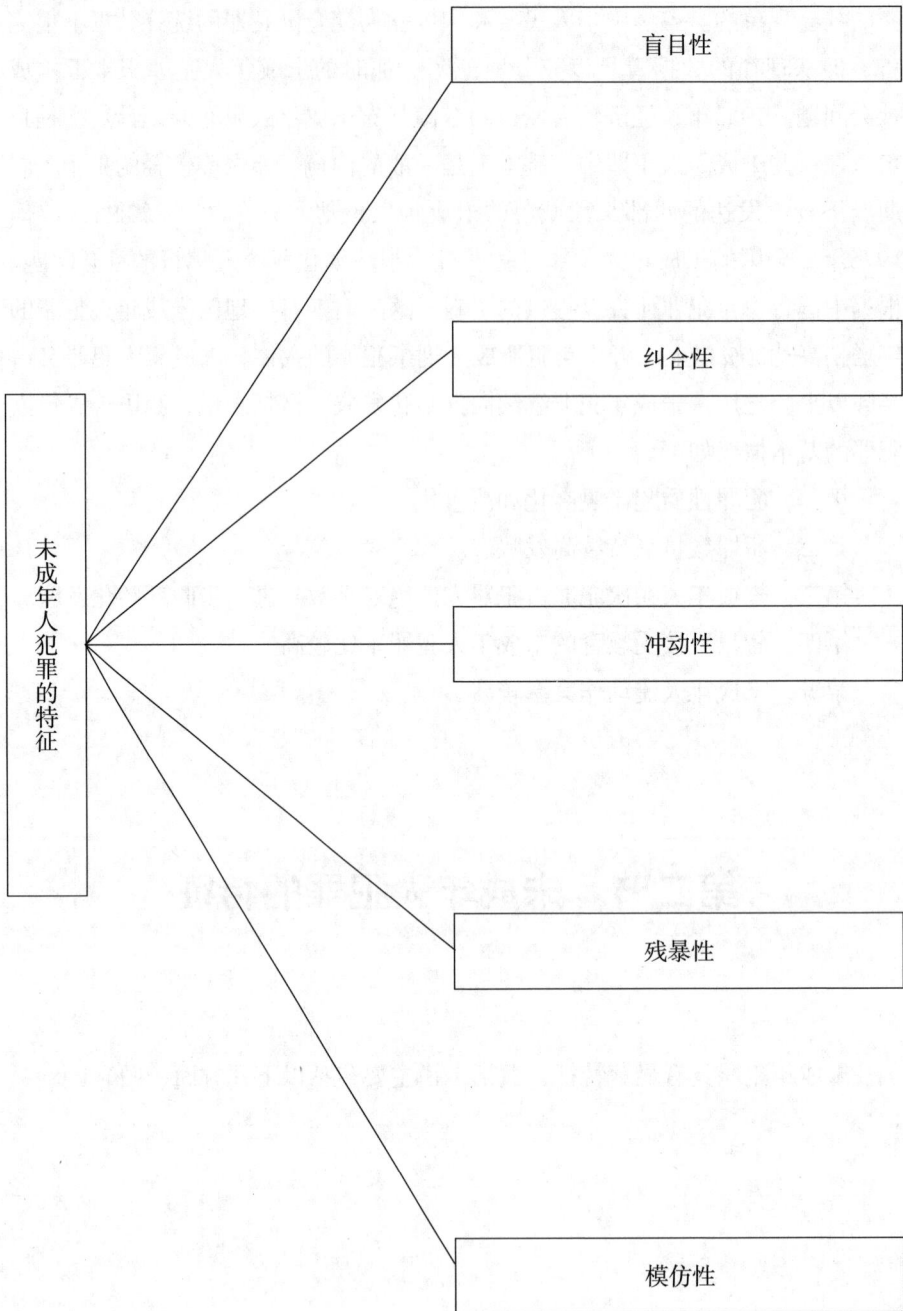

图4-1　未成年人犯罪的特征

一、盲目性

　　未成年人犯罪的行为具有很大的盲目性，这种盲目性来源于未成年人生理发育的不成熟，认识能力、心理控制能力等都比较差，行为的主观方面导致行为具有极大的盲目性。另外，对于未成年人来说，很多事情他们都还是初次体验，作为"成人世界"的"闯入者"，他们会盲目从事是毫不奇怪的。

二、纠合性

　　未成年人犯罪的纠合性也称"团伙性"。纠合性强表现为未成年人团伙犯罪占有很高的比例。但未成年人团伙犯罪与成年人的犯罪集团有重大区别，这是由未成年人犯罪的纠合性决定的。未成年人犯罪的纠合性导致他们的小团伙是松散型，不稳定的，纠合的基本起因是共同的兴趣爱好、日常的拉帮结伙。实施犯罪行为时多为临时起意，随着兴趣的不合也会自行解体。未成年人犯罪的纠合有比较明显的区域性、专业性，这是由于未成年人的活动范围有限和兴趣爱好一致。往往不同的社区里会有性质不同的未成年人犯罪团伙，这些团伙的形成就是同一区域内，同年龄段伙伴互相熏染、串通纠合的结果。

三、冲动性

　　很多未成年人由于社会经验较缺乏，判断能力较差，自我控制能力不强，所以比较容易冲动。大量的未成年人结伙斗殴造成严重伤害或致人死亡的案件，起因往往是一句话不投机，或在公共场所互相无意的挤撞等常见的小事引起的。某市三名未成年人，原来只是想到公园里凉快凉快。只因在公园门前看见一对恋人非常亲热，所以就激起了他们想收拾一下这对恋人的想法，于是，这三名未成年人主动挑事，当那对恋人出现反抗情绪后他们便失去了理智，用随身携带的水果刀将男青年刺成重伤并将女青年的手提包抢走，内有1000元现金及其他物品，顿时构成一起重大伤害并发抢劫案。在案件审理过程中三人供述，只是看到那对恋人"挺恶心"，想拿他们开开心。在互相动手打斗后才动了刀，碰到了女青年的手提包，就又突发了抢包的念头，造成重大刑事犯罪。

四、残暴性

未成年人犯罪案件中，犯罪手段越来越残暴。一些未成年人实施的暴力重，几乎就是某些影视作品中黑社会团伙犯罪手段的翻版。如强奸碎尸，抢劫杀人后放火焚尸等。有的案件中未成年犯罪人把被害人的眼睛挖了出来，只是因为被害人看见他了。未成年人犯罪手段残暴的理由越来越离谱，有时只是一种病态心理的宣泄，有的人供认只是一种兴趣。

五、模仿性

模仿是社会学习的重要形式，是人们彼此之间，特别是同类人群之间相互影响的重要方式之一，尤其是未成年人学习的主要形式。模仿在未成年人的社会化过程中起重要作用。某种犯罪行为一旦在未成年人中出现往往就会以极快的速度蔓延开来，就像传染病发作一样，这是源于未成年人相互间的模仿。当社会环境中出现某种相似的因素时，如某种不良风气，一旦诱发一起犯罪案件，往往会在未成年人中间起到暗示、示范作用，使他们竞相模仿。由于未成年人刚刚开始认识变化万千的花花世界，所以他们几乎对社会上发生的任何新奇事物都抱有极大的好奇心，并且敢于模仿，如当年电视播放《加里森敢死队》《上海滩》时，一时间各种"敢死队""斧头帮"等未成年人犯罪团伙风行全国。未成年人的性犯罪也多数起因于接触到色情影视、书刊后的模仿。

第三节　我国未成年人违法犯罪的治理对策

一、健全未成年人违法犯罪治理的法律

违法犯罪是一个法律问题，需要运用法治思维和法治方式加以解决。建立健全相关法律法规，是治理未成年人违法犯罪问题的重要内容和基本手段。

（一）加强未成年人社区矫正的立法

社区矫正既可以方便未成年犯与社会隔离，又能够利用社区资源对未成年犯进行教育、改造和管理，因而是治理未成年人违法犯罪的有效方式。调查发现，目前未成年人社区矫正存在诸多困难和问题，需要完善相关法律加以解决。概括来说，未成年人社区矫正相关法律要着重解决以下几个问题。

1. 明确未成年人社区矫正的实施主体

2019年12月28日，《中华人民共和国社区矫正法》经十三届全国人大常委会第十五次会议表决通过，于2020年7月1日实施。《中华人民共和国社区矫正法》是为了推进和规范社区矫正工作，保障刑事判决、刑事裁定和暂予监外执行决定的正确执行，提高教育矫正质量，促进社区矫正对象顺利融入社会，预防和减少犯罪，根据宪法制定的法律。《中华人民共和国社区矫正法》分为总则，机构、人员和职责，决定和接收，监督管理，教育帮

扶，解除和终止，未成年人社区矫正特别规定，法律责任，附则，共九章六十三条。

《中华人民共和国社区矫正法》第八条规定，国务院司法行政部门主管全国的社区矫正工作。县级以上地方人民政府司法行政部门主管本行政区域内的社区矫正工作。人民法院、人民检察院、公安机关和其他有关部门依照各自职责，依法做好社区矫正工作。人民检察院依法对社区矫正工作实行法律监督。地方人民政府根据需要设立社区矫正委员会，负责统筹协调和指导本行政区域内的社区矫正工作。

《中华人民共和国社区矫正法》明确了社区矫正的主体是司法行政机关。但是，2013年修正的《刑事诉讼法》第二百五十八条规定："对被判处管制、宣告缓刑、假释或者暂予监外执行的罪犯，依法实行社区矫正，由社区矫正机构负责执行。"这里没有明确规定司法行政机关为社区矫正机构。从法律法规的层面来看，我们可以这样理解，社区矫正的主体首先是司法行政机关，但又不仅仅是司法行政机关。未成年人社区矫正的相关法律要进一步明确未成年人社区矫正的工作机构。

2. 界定未成年人社区矫正的对象

在制定未成年人社区矫正的相关法律中，要明确界定适用对象。对于未成年犯，要慎重判处监禁刑，优先最大限度地判处非监禁刑。未成年人社区矫正人员实施非监禁刑的缓刑、假释、管制，对象是因犯罪情节轻微、危害面不大被免予刑事处罚的未成年犯等。

3. 做好未成年人社区矫正执行前的评估

对未成年犯量刑前，要对其犯罪情况、犯罪原因、平时表现等进行调查，形成社会调查报告，为公正量刑和实施个性化矫正提供基本依据。在实施社区矫正前，要听取受害人及其家属意见，协商解决由未成年犯的监护人对受害者进行赔偿。对于适合社区矫正的未成年犯，要进行必要的风险评估，并提出应对可能风险的措施。

4. 制订有针对性的矫正方案

《中华人民共和国社区矫正法》第五十六条规定：共产主义青年团、妇女联合会、未成年人保护组织应当依法协助社区矫正机构做好未成年人社区矫正工作。国家鼓励其他未成年人相关社会组织参与未成年人社区矫正工作，依法给予政策支持。第五十七条规定：未成年社区矫正对象在复学、升学、就业等方面依法享有与其他未成年人同等的权利，任何单位和个人不得歧视。有歧视行为的，应当由教育、人力资源和社会保障等部门依法处理。[①]

我们可以这样解读：

第一，共青团、妇联和未成年人保护组织是未成年人工作的重要力量。根据未成年人保护法规定，共青团、妇联与工会、青年联合会、学生联合会、少年先锋队及其他有关社会团体具有帮助、保护和协助各级人民政府做好未成年人保护工作的职责，维护未成年人的合法权益。共青团、妇联、未成年人保护组织拥有专门的组织系统、经费、场所、人员和保护未成年人的经验，与广大青少年有着广泛而密切的联系，了解他们的思想情绪和实际问题，掌握他们的思想动向，需要充分利用其工作特点，关心爱护广大青少年，组织和吸引他们参加健康有益的各种社会活动。具体组织开展对犯罪未成年人的教育矫正等工作。

第二，共青团、妇联和未成年人保护组织应当依法协助社区矫正机构做好未成年人社区矫正工作。未成年社区矫正对象是未成年人工作中的特殊群体，需要共青团、妇联和未成年人保护组织充分发挥各自作用，协助做好未成年人社区矫正工作。具体可依照《中华人民共和国社区矫正法》第二十五条规定，共青团、妇联和未成年人保护组织的工作人员可以参加矫正小组，还可以通过推荐符合条件的人员以志愿者身份加入矫正小组，帮助社区矫正机构落实相应的矫正方案。

第三，社区矫正机构鼓励引导相关社会组织充分发挥各自在保护青少年合法权益中的特长优势，共同参与未成年人社区矫正工作。国家对相关社会

---

① 张良驯，郭开元.我国未成年人犯罪的基本状况和治理对策[M].北京：中国青年出版社，2015.

组织参与未成年人社区矫正工作依法给予政策支持。就业促进法和志愿服务条例等相关法律法规就国家对相关社会组织参与社会活动给予的优惠政策作出具体规定。国家鼓励企事业单位、社会组织为社区矫正对象提供就业岗位和职业技能培训，并按照规定享受国家优惠政策。相关组织可通过政府购买服务、接受项目委托等方式，发挥自身专业优势，参与未成年人社区矫正对象的教育带扶，协助开展帮教准备工作、提供日常帮教服务，开展心理健康教育、协助解决就业问题、参与社会救助等工作，符合条件的可享受相应的税收优惠政策。

第四，未成年社区矫正对象在复学、升学、就业等方面依法享有与其他未成年人同等的权利，任何单位和个人不得歧视。对于社区矫正对象要求复学的，有关部门和学校应当给其办理手续，依法接纳其复学，不得将他们拒之校门之外。对于符合升学条件的应当允许其升学，不得为其设置障碍。家庭、社会都不得歧视未成年社区矫正对象，尤其未成年人所在的学校应对他们一视同仁，教育其他学生应当与其搞好团结，互相帮助，不要孤立他们，让其平等参与学习活动。对于需要就业的未成年社区矫正对象，社会基层组织和有关部门应当给予他们平等的竞争机会，并做好职业技能培训、就业指导和帮助工作。

第五，任何单位、组织和个人在就学、就业过程中歧视未成年社区矫正对象的，应当由教育、人力资源和社会保障等主管部门依法处理，责令更正或进行行政处罚等。学校违法剥夺未成年社区矫正对象接受义务教育的基本权利、开除学生的，应根据义务教育法有关规定，由县级人民政府教育行政部门责令限期改正；情节严重的，对直接负责的主管人员和其他直接责任人员依法给予处分。

这些规定比较原则，实际工作中需要具体的因人而异的矫正方案。法院在判处未成年被告人非监禁刑，或裁定未成年犯假释时，要依据社会调查报告，根据犯罪事实和个人情况，确定个体化的社区矫正方案。

5. 考核未成年人社区矫正的效果

矫正机构要建立结果导向，在掌握未成年人社区矫正情况的基础上，根据矫正目标，经常性地对未成年人的社区矫正效果进行考核。然后根据考核结果对矫正方案等进行相应的调整。

（二）完善未成年人犯罪记录封存制度

自2011年5月1日起施行的《刑法修正案（八）》规定，在《刑法》第一百条"依法受过刑事处罚的人，在入伍、就业的时候，应当如实向有关单位报告自己曾受过刑事处罚，不得隐瞒"的基础上，增加一款作为第二款："犯罪的时候不满十八周岁被判处五年有期徒刑以下刑罚的人，免除前款规定的报告义务。"2012年3月修正的《刑事诉讼法》第二百七十五条规定："犯罪的时候不满十八周岁。被判处五年有期徒刑以下刑罚的，应当对相关犯罪记录予以封存。"这种犯罪记录封存制度，能够消除早期犯罪给未成年犯之后的人生道路产生的负面影响，很好地体现了对于未成年人特别保护的原则。封存未成年人的犯罪记录，有利于消除未成年人犯罪"标签"的负面效应。让未成年犯顺利回归社会。未成年人犯罪与成年人犯罪有着本质的区别，对未成年犯更应注重刑罚的教育功能，而非惩罚功能。

（三）修改《预防未成年人犯罪法》

《预防未成年人犯罪法》是我国第一次在预防未成年人犯罪领域进行的立法，随着社会的不断发展，《预防未成年人犯罪法》也应该不断被完善。概括来说，对其进行调整主要包括的内容见表4-1。

表4-1　《预防未成年人犯罪法》可进行调整的内容

可进行调整的内容	具体阐述
明确主体责任	该法规定了多个预防未成年人犯罪工作的责任主体。第三条规定"共同参与，各负其责"，似乎人人都有责任，但一些地区实际上谁的责任也不够明确，都不承担硬性的法律责任

可进行调整的内容	具体阐述
增强可操作性	可实施、可惩处是法律的基本要求。法律的立足点不仅是号召、提倡人们去做或不做某事，还要以强制手段警示人们不要实施犯罪行为，并对犯罪人进行相应惩罚。但是，《预防未成年人犯罪法》中，原则的、倡导的、弹性的条文太多，具体的、强制的、硬性的条文太少，许多条文不具有约束力。缺乏可操作性消减了该法在预防未成年人犯罪方面所发挥的作用。要通过法律修改，增加具有可操作性的条文，减少原则性的条文。要把用强制手段警示未成年人不去犯罪、对犯罪的未成年人进行惩罚以预防犯罪作为该法的立足点
增加"罚则"的条文	《预防未成年人犯罪法》一些条文有"情形"的规定，但缺乏相应"罚则"的规定。例如，该法第二十一条规定"未成年人的父母离异的，离异双方对子女都有教育的义务，任何一方都不得因离异而不履行教育子女的义务"。这条没有讲如果不履行教育子女的义务，会受到什么惩罚。现实生活中，不少未成年人在父母离异后，只能由爷爷奶奶监护，父母不管不问，而这样的父母并没有受到任何法律惩罚
针对目前未成年人违法犯罪的低龄化，可以对刑事责任年龄进行研究	近年来发生了多起儿童实施的恶性刑事案件，在社会上引起热烈讨论和激烈争论。事件中，被害者家属和社会各界曾呼吁降低刑事责任年龄。对于刑事责任年龄问题，在法律修改中是可以展开讨论的
实施宽严相济刑事政策	宽严相济刑事政策是未成年人刑事诉讼中贯彻刑罚谦抑理念和刑罚个别化原则的政策依据。对于未成年人刑事案件，如果具备法定从宽的情形，就要切实予以从宽处理；如果不具备法定从宽的情形，也要结合案情和未成年人自身的情况尽可能予以从宽。同时，对于严重刑事犯罪的，多次犯罪的，不能失之于宽。仍要予以严厉惩罚，不能姑息放纵

二、加强未成年人违法犯罪治理的教育引导

治理未成年人违法犯罪不能只靠法律手段，还必须采用教育手段，做到法治与德治双管齐下。及时有效的教育是治理未成年人违法犯罪问题的治本之策。具体来说，可以通过以下五种策略来加强对未成年人违法犯罪治理的教育引导（图4-2）。

（一）加强未成年人的思想道德教育

调查发现，未成年犯所崇拜的对象排在前三位的分别是歌手、富人和影视明星，而普通中学未成年人崇拜的对象排在前三位的分别是科学家、作家以及歌手，仅有少数将富人当作自己崇拜的对象，比例相比于未成年犯明显低很多。由此可见，未成年犯更多追求金钱、娱乐等物质享受，不像普通中学生更多追求科学、文学等偏向社会的人生价值。因此，一定要加强对未成年人的思想道德教育，使其树立正确的人生观和价值观，从而减少犯罪事件的发生。

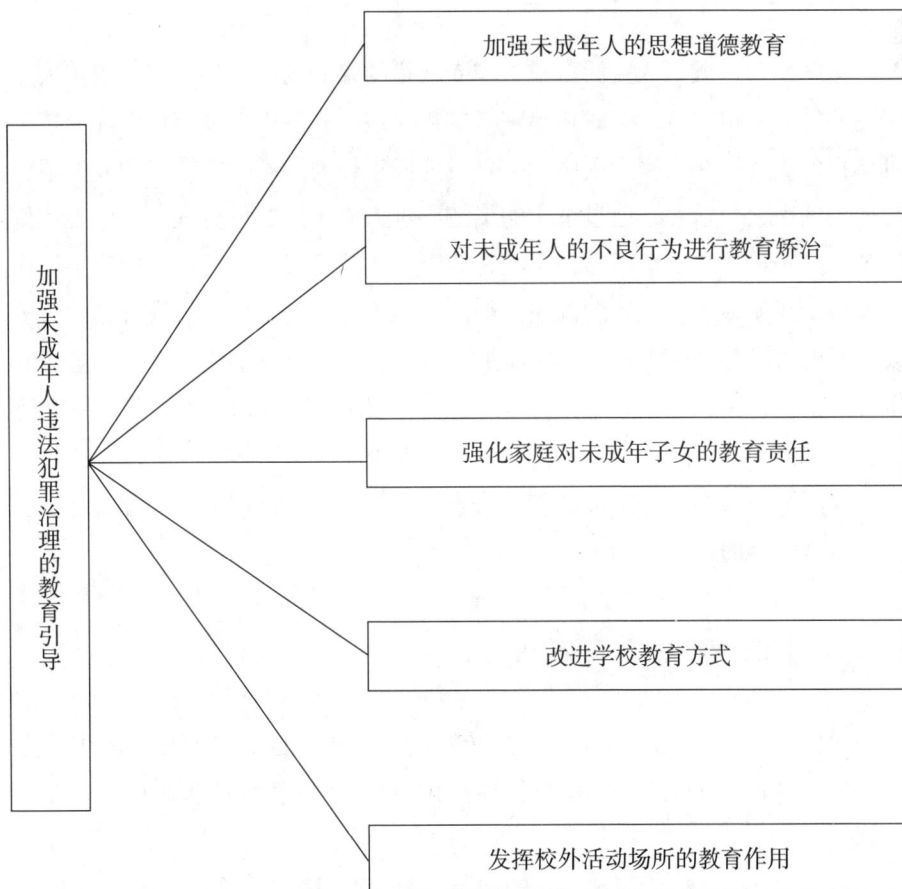

图4-2　加强未成年人违法犯罪治理的教育引导

（二）对未成年人的不良行为进行教育矫治

任何犯罪都源于不良行为的积累，都具有一个从量变到质变的过程。调查发现，未成年犯的不良行为明显高于普通中学生。未成年人犯罪的发展规律是从不良行为开始，演变为严重不良行为，最终走上违法犯罪。总体来说，未成年犯在违法犯罪前已经存在多种严重不良行为，有的还持续了较长时间。所以，无论是家长还是学校，一定要对未成年人的不良行为及时进行矫治，努力改正未成年人的不良习惯，将犯罪的种子扼杀在摇篮中。

（三）强化家庭对未成年子女的教育责任

家庭作为未成年人生活、成长和受教育的第一场所，是治理未成年人违法犯罪的第一道防线。家庭在治理未成年人违法犯罪中，具有社会和学校不可比拟的优势。在家庭生活中，父母对未成年较为了解，能够有的放矢地管理他们的生活与学习，通过细小的事情影响未成年人的世界观、人生观和价值观。家长如果切实承担监护、教育的责任，就可以防微杜渐，这等于抓住了治理未成年人违法犯罪的源头。然而，调查发现，不少家长没有尽到对子女应有的监护和教育责任，家庭监护不力和教育不当是未成年人违法犯罪的重要因素。许多家长忙于赚钱，疲于打拼，根本没时间对子女进行教育和管理。一些家长在预防子女违法犯罪方面严重失职。子不教，父之过，家庭是每个人的第一所学校，父母是孩子的第一任教师，对于孩子，父母一定要承担起自己应尽的责任。

（四）改进学校教育方式

学校是未成年人学习知识和技能的重要场所，也是培养法律意识的重要场所。从治理未成年人违法犯罪的角度看，学校教育目前存在两个突出问题。

第一，有的学校受应试教育的限制，忽视对考分低、纪律差的学生应有的关注和特别教育，使得有的学生不良行为加重，走上违法犯罪的道路。未成年人违法犯罪，不少是从逃学开始的。学校如果能够管好学生的逃学问题，就可能预防未成年人违法犯罪现象的发生。

第二，许多普通学校忽视法治教育。不少学生缺乏起码的法治意识和法律知识。学校只注重考试成绩，对法律、道德教育等比较忽视。

对于以上问题，学校要采取措施，切实解决。具体应做到以下几方面。

第一，要加强法治教育，不能只盯着考试和分数。

第二，要对学生一视同仁，不仅不能忽视考分低、纪律差的学生，而且应该对这部分学生给予更多的关心和帮助。

第三，要完善学校法治教育的内容，包括法律价值、法律功能、法律信仰、权利义务关系等法律理论和理念教育，未成年人的生存权、发展权、受保护权、参与权等法律权利教育，以及犯罪预防教育，向未成年人讲解犯罪行为的社会危害性、犯罪成本、刑罚的惩罚性、不良行为的预防和矫治，尤其要使学生知道违法犯罪要付出的沉重代价。另外，法治教育的内容要切合实际，针对未成年人犯罪高发的抢劫、强奸等进行教育。

第四，要完善学校法治教育的方式。学校既要采取学科渗透式法治教育方式，或开设独立的法治教育课程，向学生传授法律知识，又要充分把学科教育与课外教育相结合，把传授法律知识与培养法律实践能力相结合。法治教育的形式要灵活多样，除了讲课外，还要采取参与式法治教育方式，包括模拟法庭、参观未成年犯管教所等。

第五，教育行政部对学校的考核评价不能只看学生的升学率，还要看学生不良行为和违法犯罪的发生率。对于忽视考分低、纪律差的学生的情况，要在教育评价上降低等级，并责令改进。

（五）发挥校外活动场所的教育作用

在预防未成年人违法犯罪工作中，一定要充分发挥校外活动场所的作用。预防未成年人违法犯罪是我国建立和发展校外活动场所的一个直接原因。中华人民共和国初期，课外活动的贫乏造成一些未成年人偷窃，甚至参加宗教迷信活动。1954年，团中央批转西安市在假期对参加宗教活动的少年儿童进行教育的报告，肯定了西安市开展校外活动的经验。1976年之后，青

少年违法犯罪现象严重。在教育部1979年4月下旬至5月上旬召开的全国中小学思想政治教育工作座谈会上，一些人提出要恢复青少年宫，加强校外教育。1979年6月，中宣部、教育部、团中央等多部门在报送党中央的《关于提请全党重视解决青少年违法犯罪问题的报告》中提出要大力恢复青少年宫，积极退回被占用的青少年校外活动场所，各级政府要拨出专款对这些场所进行修整和扩充。目前，一些青少年宫开展了预防未成年人违法犯罪工作。

三、落实未成年人违法犯罪治理的主体责任

未成年人违法犯罪的治理，涉及面广，需要多个部门联手努力。既然这项工作涉及多个部门，就必须明确各自的职责，发挥各自的作用，真正形成合力（图4-3）。

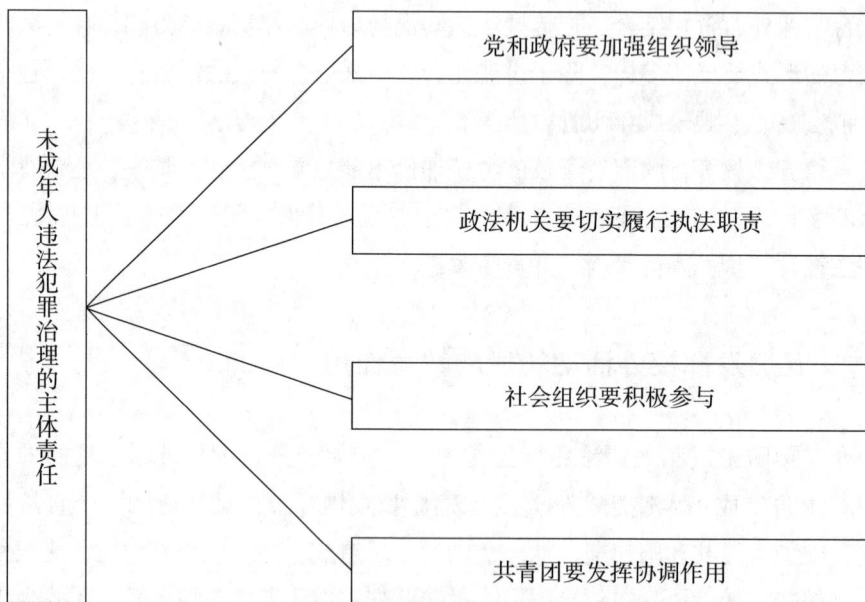

图4-3　未成年人违法犯罪治理的主体责任

（一）党委和政府要加强组织领导

党委和政府作为社会管理和公共服务的主体，是治理未成年人违法犯罪问题的领导主体，未成年人违法犯罪必须在党委、政府的组织领导下，通过法律、经济、行政、文化、教育等多种手段，进行综合治理。《预防未成年人犯罪法》第四条规定"预防未成年人犯罪，在各级人民政府组织领导下，实行综合治理"。这一条明确了政府的"领导"责任、综合治理责任。

然而，调查发现，在有的地区，政府及其相关部门在治理未成年人犯罪的工作中，存在不少工作疏漏，包括政府的组织领导缺位、不同政府部门之间协调不畅通、工作措施落实不到位、缺乏检查评估等。这些工作漏洞导致治理工作出现形式上多个部门负责，而实际上没有部门真正负责的现象。例如，许多未成年犯都经常去网吧，政府部门对网吧监管缺失是导致未成年人犯罪的一个直接原因。一些网吧放任未成年人长期滞留，助推未成年人逃学、闲散、流浪。网络上的暴力、色情信息肆意泛滥，腐蚀未成年人，诱导一些未成年人模仿犯罪。有的未成年人没钱上网时，与相识于网吧的玩伴一起实施抢劫。完善未成年人违法犯罪问题的治理机制，首先要强化党委、政府的主导责任。各级党委、政府及其相关部门要根据《未成年人保护法》《预防未成年人犯罪法》等法律规定，制定本地区、本部门治理未成年人违法犯罪问题的政策和法规。在未成年人违法犯罪的治理中要治标，更要治本。

（二）政法机关要切实履行执法职责

公、检、法、司等政法机关作为组织化专业力量，是治理未成年人违法犯罪问题的执法主体。政法机关在治理未成年人违法犯罪的工作中，要履行好各自的职责，发挥好各自的职能。法院、检察院、公安机关办理未成年人犯罪的案件，应当照顾未成年人的身心特点，设立专门机构或者指定专人办理，审判前要与羁押的成年人分别看管，判决后要与服刑的成年人分别关押。政法机关对未成年犯要采取合法、特别、有效的教育改造措施。调查发现，有的司法机关对未成年犯的保护不够。例如，透露未成年被告人的个人信息，把未成年犯与成年犯关押在同一所监狱。政法机关要建立一种恢复性司法的理念，着眼于对未成年人的教育和矫正。尽可能实施非刑罚、非监禁的处理，化解未成年人与被害人之间的矛盾，并弱化未成年人的犯罪标签心理，帮助未成年人顺利回归社会。

（三）社会组织要积极参与

各种类型的社会组织作为社会群体，是治理未成年人违法犯罪的参与主体之一。调查发现，社会组织的参与可以保持涉嫌犯罪未成年人与现实社会的正常联系。违法犯罪的未成年人在得到社会组织及时有效的帮扶和矫治后，普遍能够积极回归社会。因此，学校、企业、社会团体、社区等社会组织要积极参与未成年人违法犯罪的治理工作。要根据本地区未成年人的实际需求，有针对性地开展帮助，解决未成年人成长中的实际问题，

另外，志愿服务组织可以招募一些法律、教育、心理方面的专业人士服务未成年人违法犯罪的治理工作，这不仅可以扩大社会组织的参与规模，还可提升社会组织的参与层次。社会组织为人们参与治理未成年人违法犯罪工作搭建了很好的平台，可以动员、整合多方社会力量服务未成年人违法犯罪的治理工作。

（四）共青团要发挥协调作用

共青团作为党和政府联系青少年的桥梁和纽带，是治理未成年人违法犯罪的协调主体。共青团中央是中央综治委预防青少年违法犯罪的专项组成员单位，这从制度上规定了共青团在预防未成年人违法犯罪工作中的协调职能。作为协调机构，共青团组织要针对治理未成年人违法犯罪工作中的重点难点问题，主动争取党委、人大、政府的重视和司法机关、民政部门等的支持，加大协调力度，动员相关部门各负其责、各把其关，进一步推动形成治理未成年人违法犯罪问题的合力。要加强与综治委预防青少年违法犯罪专项组成员单位的工作联系和信息沟通，发挥各成员单位的职能作用，集中力量解决治理未成年人违法犯罪中的突出问题。另外，共青团组织要发挥宣传教育的优势，

广泛利用新媒体，大力宣传与预防未成年人犯罪相关的法律知识，帮助未成年人强化法治意识，抵制违法犯罪。此外，还要协调人大开展治理未成年人违法犯罪工作的执法检查，推动法律法规的贯彻落实。

第四节　未成年人犯罪的预防

一、犯罪预防的概念

我国犯罪学中较权威的犯罪预防的概念是："所谓犯罪预防，是指国家、社会、群体、组织和个人所采取的旨在消除犯罪原因、减少犯罪机会、威慑和矫正犯罪人，从而防止和减少犯罪发生的策略与措施的总和。"我国犯罪学中的这种犯罪预防的概念属于广义的犯罪预防，是把与犯罪斗争的一切"策略"与"措施"都包括在其中的一个庞大的理论和实践体系。从犯罪学理论的角度看，广义的犯罪预防理论过于庞杂，几乎无所不包，这给理论自身带来了很大的负面影响。于是有学者提出狭义的犯罪预防的概念："预防，是指国家、地方组织及社会团体，通过消除或限制致罪因素及其对孕育着利于犯罪机会的物质及社会环境的恰当管理，以达到更好地控制犯罪的目的而采用的一种手段"。显然，狭义的预防犯罪的概念更为严谨，而且作为理论研究的界定更为合理。由于世界各国政治、经济、文化的发展历史和水平相差甚远，各国的犯罪状况也各不相同，所以如同各个国家对犯罪的认识一样，对犯罪预防的界定也相去甚远。[①]

---

① 冯云翔.未成年人犯罪及预防[M].哈尔滨：哈尔滨工业大学出版社，2002.

图4-4　犯罪预防

二、犯罪预防的可能性

对犯罪是否可以预防，在理论上存在很大的分歧，即并非像实践中所做的那样大家都在努力地制定对策，采取措施，预防犯罪的发生，认为犯罪不能预防的理论始终都存在。如龙勃罗梭就认为犯罪是某些人与生俱来的本性，社会外部的干预是徒劳的。美国的一些犯罪学家甚至指出，90%以上的人都承认至少参加过一次犯罪，几乎每个人在其一生中都实施过一次以上违法或犯罪行为。所以他们认为与其问"有人为什么犯罪"，不如问"有人为什么不犯罪"，因而推论预防犯罪是不可能的。这些理论的提出都是对特定的社会性质和社会文化的认识，我们不能完全否认其认识论方面的意义。但根据我国的实际情况得出的结论是：犯罪在一定程度上是可以预防的。因为无论从犯罪主体，还是犯罪的客观社会环境，都始终是发展变化的，犯罪的发生是主客观相互作用的结果，而这种相互作用的过程是可以控制和改变的。所以，犯罪预防是必须办的事情，并且对社会进步、人类的发展具有重大意义。

三、犯罪预防的局限性

承认犯罪预防的可能性的同时，也要认清犯罪预防的局限性，犯罪预防的局限性是由以下几方面决定的。

第一，从犯罪本身来看，犯罪是个人的反社会行为，是社会各种矛盾的综合反映。犯罪源于社会矛盾，这是历史唯物主义的犯罪观，也是犯罪研究的逻辑起点。这就告诉我们在人类社会中，犯罪是一种不可避免的社会现象，因为按照马克思主义的基本原理，矛盾是普遍存在的。在这种认识的基础上，合乎逻辑的结论就是，犯罪在一定程度内是可以预防的，犯罪预防是有局限性的。

第二，从犯罪的外在表现形式看，它是社会生活各个方面的鲜活生动的表现。如近年来逐渐多发起来的计算机犯罪、网络犯罪，这些犯罪的表现形式是随着高科技的逐步发展才被人们认识到是犯罪行为，另外，有些现象与一定的社会现象是相伴相生的，而这一定的社会现象正是社会进步所不可避免的。如我国从计划经济向市场经济的转型过程中，极大地激发了人们"唯利是图"的倾向，正当的逐利竞争与非法的牟利都是同时进行的。再如婚姻家庭方面，我国年轻一代的爱情和婚姻观念自20世纪80年代以来发生了剧烈的变化，国家的相关政策和法律也进行了重大的改革，离婚率上升这是不能"预防"的，而这却是未成年人犯罪的一个重要原因。可见犯罪预防的效能受到种种复杂因素的制约。

四、我国犯罪预防的基本模式

（一）我国犯罪预防基本模式的确立

1991年5月，中央政法委召开了京、津、沪、穗、汉五城市治安座谈会，分析了当时的国家社会治安形势，提出了"全党动手、实行全面综合治理"的方针。中共中央转发了座谈会纪要，把"综合治理"作为我国预防犯罪的总方针。1991年3月，七届人大常委会第十八次会议通过了《关于加强社会治安综合治理的决定》，标志着我国犯罪预防的基本模式的确立。犯罪预防的综合治理模式具有鲜明的中国特色，与西方国家相比，具有以下特征。

第一，综合治理模式是强调预防为主的全社会的、全方位的、多种手段的标本兼治的统一行动，旨在从根本上预防和减少违法犯罪。而西方国家只是单纯依靠司法机关的力量预防和打击社会犯罪，社会其他方面的参与一般是比较被动的。

第二，综合治理的模式是着眼于全社会的经济、政治、文化环境的治理，是主动地预防犯罪，不像西方国家那样只注重对具体犯罪人的社会控制。

（二）运用综合治理模式的原则

运用综合治理模式预防违法犯罪的指导原则见表4-2。

表4-2　运用综合治理模式的原则

综合治理模式的原则	具体阐述
打防并举，标本兼治，重在治本的原则	这一原则指出"标本兼治，重在治本"，明确了我国犯罪预防的目标和方向，即打击现行犯罪是必要的，不然就谈不上综合治理。但根本目标是预防和减少犯罪的发生

续表

综合治理模式的原则	具体阐述
专门机关与人民群众相结合的原则	这一原则是综合治理模式的基本精神。如果像西方国家那样只注重建设强大的司法专业队来防范社会犯罪，就失去了综合治理的灵魂，也达不到真正预防犯罪的目标；只有在广大群众的参与下群防、群治，发动群众自我管理和自我防范，才能最大限度地预防犯罪
法制原则	这一原则是综合治理模式的法制基础。预防犯罪活动是涉及公民基本人权的严肃而敏感的问题，必须依法开展工作。犯罪预防的任何措施和手段都不能违背社会主义法制原则，要在宪法和法律的范围内进行"综合治理"，不能以维护社会安定为理由侵犯公民的人身权利和民主权利

五、未成年人犯罪预防的原则

做好预防未成年人犯罪工作，必须科学地把握未成年人犯罪预防的规律，确立正确的犯罪预防指导思想，以基本原则指导实践。概括来说，未成年人犯罪预防的原则主要包括以下几方面（图4-5）。

（一）及早防微原则

及早防微原则包含下列三层含义。

第一，未成年人犯罪预防需从幼儿开始，加强对未成年人的道德教育。

第二，预防未成年人犯罪需从细微处着手，做到防患于未然、防患于微小。

第三，坚持有错必纠，帮助确立正确的是非观、荣辱观、善恶观。

一个人在幼年时期培养的品德的好坏，影响着未成年人的一生。早期的生活经历、细微影响都有可能成为走上犯罪道路的作用因素。因此，我们在反思未成年人犯罪的同时，必须科学思量未成年人犯罪的根本缘由，对未成年人的犯罪预防要从早、从小做起，防微杜渐。

及早防微原则

以人为本原则

教育为先原则

未成年人犯罪预防的原则

成长保护原则

社会综治原则

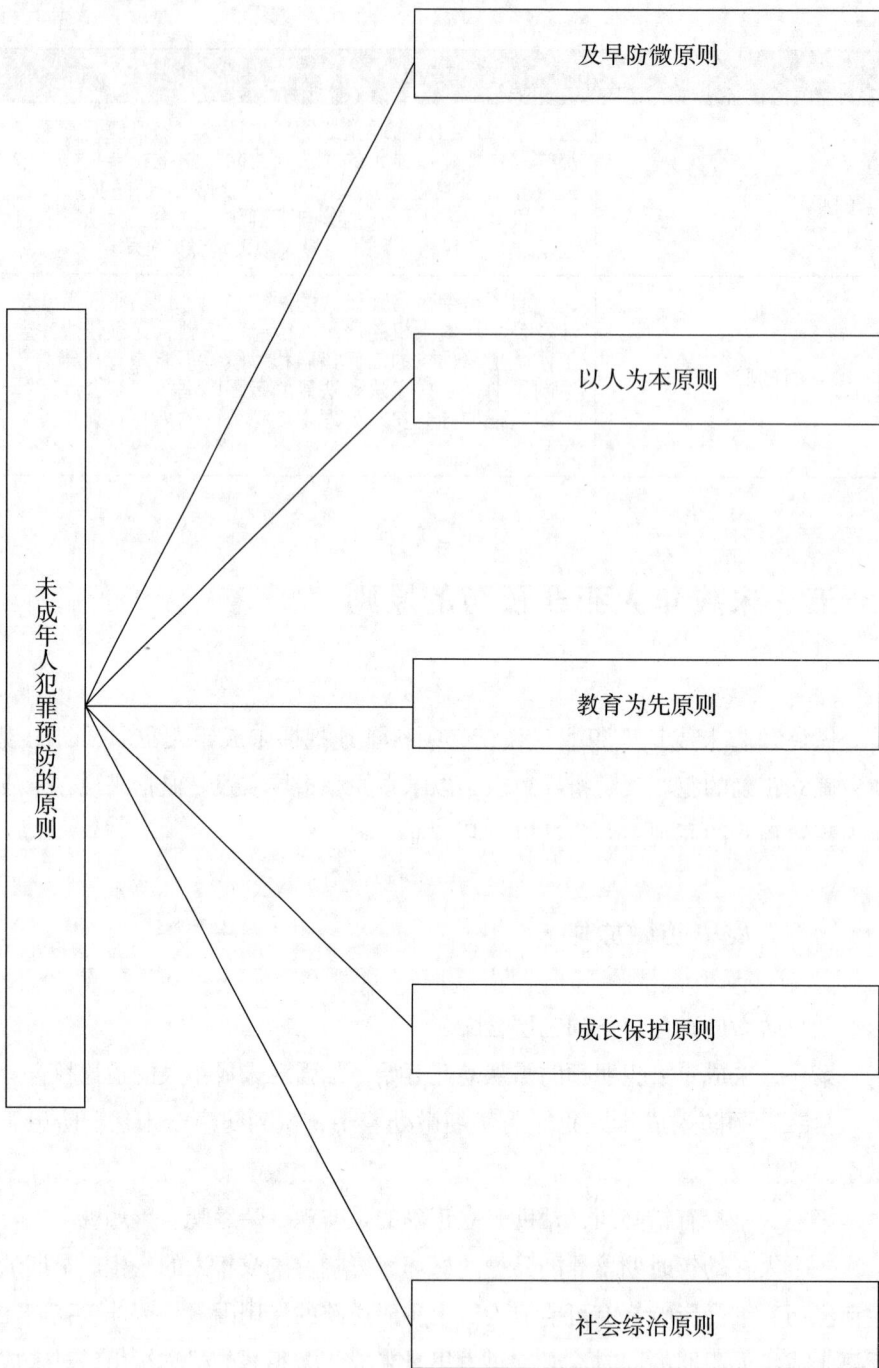

图4-5 未成年人犯罪预防的原则

（二）以人为本原则

以人为本原则包含下列三层含义。

第一，未成年人犯罪预防只有一个主体——未成年人，一切为了未成年人，一切服务于未成年人。

第二，未成年人犯罪预防必须契合未成年人的身心特点，一切从未成年人的成长需要出发。

第三，未成年人犯罪预防须以未成年人的健康成长为前提，并以此为中心开展犯罪预防工作。

未成年人犯罪预防是一个牵涉家庭、学校、社会以及国家法律、刑事政策、司法保护等多层面的综合工程，未成年人犯罪预防只有一个中心任务，即一切犯罪预防工作都必须围绕未成年人这一主体，以未成年人健康成长为本。

（三）教育为先原则

教育为先原则包含下列四层含义。

第一，教育是预防未成年人犯罪的根本，是最终落脚点和出发点。

第二，教育是预防未成年人犯罪的基础，它包括家庭、学校和社会全方位的教育。

第三，未成年人犯罪防患于未然需要教育，防患于已然也需要教育。

第四，对于违法犯罪的未成年人，坚持以教代刑，给予未成年犯悔过改正的机会。

未成年人犯罪是一个成长性角色失范的过程，也即其存在不健全人格倾向所致。未成年人不健全人格倾向形成的最根本原因是自我认同和社会认知低下，而这种"低下"能力的形成却是由家庭、学校、社会教育的程度决定。因此，预防未成年人犯罪，必须以教育为先，从满足未成年人健康成长需要出发，加强对文化知识、法律规范、社会道德以及心理健康等成长性基础内容的教育，提高未成年人犯罪"抗体"。

（四）成长保护原则

成长保护原则包含下列四层含义。

第一，一切预防未成年人犯罪的措施须以未成年人的健康成长为出发点。

第二，必须尊重未成年人的人格尊严。

第三，一切以保障未成年人的合法权益为前提。

第四，坚持保护优先，教育与保护相结合。

未成年人一个显著的特点就是待成长性，人格尚未定型，他们是祖国的未来与希望，我们有责任保护未成年人的健康成长。因此，未成年人的犯罪预防必须立足于未成年人的成长保护，尊重未成年人，为未成年人健康成长提供一个优良的环境。

（五）社会综治原则

社会综治原则包含下列四层含义。

第一，预防未成年人犯罪是全社会的责任，需全社会关心、配合支持和共同参与。

第二，未成年人犯罪预防综治需由政府主导，各方配合，各负其责。

第三，采取教育、服务、管理、矫治、优化环境等多种方式，立足源头，实行综合治理，防患于未然。

第四，坚持群众路线，惩防结合，建治并重，消减一切不良因素，促进未成年人身心健康发展。

未成年人犯罪是多重因素相互影响和作用的结果，它有家庭教育失败的原因，也有学校教育偏失的原因，有不良同伴交往所致，也有社会负面因素作用的结果。因此，对于未成年人犯罪预防，必须集家庭、学校、社区，以及国家政府职能部门等力量，共同行动，配合协调，实现未成年人犯罪预防效能，最终达到预防和减少未成年人犯罪的目的。

六、未成年人犯罪预防的措施

未成年人犯罪预防是一项系统工程，需要从不同侧面、不同角度开展工作。如可以从未成年人生活的环境空间状况入手，根据未成年人生活的社区特点、家庭状况制订预防工作的计划；可以从未成年人主体入手，根据未成年人的身心状况、道德素质状况有针对性地开展预防工作；还可以从未成年人交友习惯、兴趣爱好等方面开展疏导和帮教等预防工作。按照不同的思路，未成年人犯罪的预防还可以分为宏观的预防和微观的预防，即从全局的、针对整个未成年人群体的预防和针对一个学校、一个家庭的预防等。概括来说，预防未成年人犯罪的基本措施应该包括以下几个方面。

（一）加强对未成年人的法制教育

这项工作主要应由学校完成。不能把法制教育教条化，远离未成年人的生活实际。"红灯停，绿灯行"就是法制教育，让未成年人知道行为规范无处不在。

（二）提高未成年人的素质

这也是提高中华民族素质的基础，必须保证未成年人接受良好的教育。九年义务教育是最基本的要求，应该做到"一个也不能少"。学校和家庭互相配合，坚决杜绝未成年人流失辍学的现象。未成年人的文化素质是综合素质的基础，也是预防未成年人犯罪的基础。

（三）培养未成年人健康向上的生活情趣

注意在未成年人的生活中抵制低级、腐朽的东西，培养健康向上的兴趣、爱好某种意义上比学习文化课程更重要。

（四）司法机关对未成年人犯罪的预防

司法机关在预防未成年人犯罪中居于特殊的地位，是预防未成年最终走向犯罪和使犯罪未成年人不重新犯罪的最后一道防线。西方国家已经普遍地建立了"少年辅导中心""少年法庭"等机构，主要从事专门的未成年人犯罪的预防工作。我国在20世纪80年代也开始了这方面的工作，即用司法手段预防未成年人犯罪。司法机关预防的主要对象是已经有某种违法犯罪行为的未成年人，对他们实施带有强制性的感化教育和改造。所采取的措施包括公安机关的警告、少年法庭的训诫以及少年犯管教所的教育改造。

七、预防未成年人犯罪的教育

（一）对未成年人的素质教育

未成年时期是人一生中学习的重要时期。在这一时期未成年人的生理、心理逐渐成熟，人生观逐步确立，教育的作用十分重大。国家规定的九年义务教育仅仅是这一阶段的初始阶段，而且这一时期对未成年人的教育不仅仅是一般人理解的文化教育，还包括成为合格社会成员，形成正确人生观、价值观和健全人格的综合素质教育，同时还要进行预防犯罪的教育。未成年人在他们成长发育的过程中具有充分的可塑性，只要发现及时，教育得当，任何一个未成年人都可以避免走向违法犯罪的道路。

随着未成年人的成长，一些不良的社会环境难免会对其健康发展造成不良影响，所以力求社会各方面提供良好的教育，使未成年人对生活的种种憧憬都符合社会的要求，让他们知道人的行为是要受到限制的，要遵守各种社会规范。人要养成服从规范的习惯，并要不折不扣地把各种社会规范、道德法律落实到每一天的生活和学习当中。这是绝对需要的教育，而不是等他们失足以后的惩罚。

社会各方面，特别是学校应当加强对未成年人的预防犯罪教育。社会和学校对未成年人进行的理想教育、道德教育、纪律教育、法制教育乃至文化教育都起到预防犯罪的作用。一个思想品德优秀的未成年人不可能做出违法犯罪的事情。预防犯罪教育，一般应在法制教育的框架内进行，以了解社会犯罪的状况和与之相关的法律知识、是非观念、思想品德修养的训练为内容。预防犯罪教育应该在九年义务教育的全过程中进行。因为只要未成年人具备了接受一定智力教育的能力，基本上可以理解基本的是非、善恶、美丑的区别，可以在他们能够接受的程度上进行相关教育。另外，相对于社会和家庭，学校教育对传播社会主流文化的规范和价值观具有责无旁贷的义务。预防犯罪教育可以较早地进行，犯罪现象不是抽象的概念，它是一种活生生的社会现象，比如小偷小摸行为在小学生中就会出现，以实际案例讲解它的社会危害，讲清事情的违法性质，使幼小的心灵受到震动，得到净化，树立是非观念等是完全可能和必要的。当然必须指出的是，预防犯罪教育绝非仅仅是学校教育的责任。犯罪现象是形形色色、多层次、多侧面的，社会各方面，包括家庭都有不可推卸的责任。如一些文化传媒，就有责任防止自己的行为对未成年人造成不良影响。家庭是未成年人生活的最主要环境，未成年子女的家长是未成年人的第一任教师，家长对子女的教育是每时每刻都在进行的，家长对未成年人的预防犯罪教育也是随时随地进行的，家长行为不检点，语言不文明等都会影响自己的子女。大量的事实证明，未成年人犯罪案件中，我们常常可以隐约看到家长的影子，只不过他们充当的是反面教员。

（二）家庭的预防犯罪教育

未成年人的父母对未成年人的法制教育、预防犯罪的教育负有直接的责任。家庭养育子女，不只是照顾衣食起居，家庭有教育的职能，父母有教育的责任，是子女的第一任教师。如果说子女智力教育主要由学校来承担的话，那么家庭的教育正在于使之从善，即父母主要是子女的德育和法制教育的老师。父母对子女的教育方式主要是言传身教，也就是养成教育。子女的品行、个性、行为习惯等多半是从父母身上学来的。美国的犯罪调查显示，家庭对未成年人犯罪起主导作用的占19%，起间接作用的占23%。而我国的数据表明，受家庭影响导致未成年人犯罪的最低的地区为25%，最高的地区

占45%。事实表明父母对未成年人的法制教育和预防犯罪的教育有直接的责任。

（三）学校的预防犯罪教育

学校是对未成年人进行教育的核心阵地，学校应当把预防犯罪教育纳入学校教育教学计划中。学校（中、小学）伴随人们度过整个未成年期，是未成年人接受社会规范的最主要场所，这是国家创办学校的根本目的所在。中、小学教育属于基础教育，教育教学内容要适应国家和社会对合格社会成员要求。当犯罪成为一种不容忽视的社会现象，尤其是未成年人犯罪成倍上升时，国家要求将预防犯罪的教育作为法制教育的内容纳入学校教育计划中。当我国在恢复国家法制建设时，学校已经适时地开设了法制教育课，国家用立法的形式确立了法制教育在学校教育教学中的地位。国家还在《预防未成年人犯罪法》中将法制教育的内容进一步具体化，明确预防犯罪教育是学校法制教育的重要内容并列入学校的教育教学计划。把预防犯罪教育列入教育教学计划是指在中小学法制教育中增加预防未成年人犯罪的教育内容，包括写入法制课程教材、确定相应的课时、结合典型案例教学等。不同年龄的未成年人，由于生理、心理的特点不同，多发的犯罪类型不同，典型案例应有针对性，使未成年人容易接受。对处于青春期"花季"的未成年人，要结合青春期生理教育和性犯罪进行性教育和预防性犯罪教育。

学校应该认真贯彻中共中央、国务院的决定，改变应试教育思想和教学模式，加强对未成年人的法制教育，使预防未成年人犯罪教育取得实效。要像智力教育一样量化考核标准，成为学校工作考核的一项重要指标。

（四）社会的预防犯罪教育

1. 校外活动场所的预防犯罪教育

未成年人的校外活动场所非常复杂，虽然各地都有一些少年宫、青少年活动中心等专门为未成年人服务的场所，但目前大部分的未成年人活动场所都已经商业化运作，大量举办各种培训班，成为培养未成年人一技之长的场所，专门进行理想、道德教育的场所为数甚少。为了预防未成年人犯罪，充分发挥青少年活动场所的作用，开展有针对性的活动是非常有意义的。在市场经济大环境中需要大量的未成年人的校外活动场所。现在社会物质文化生活丰富多彩，有相当一部分以未成年人为服务对象，在政府还不能拿出更多资金建立专门的未成年人活动场所的阶段，组织有关部门把这些个人出资兴办的未成年人活动场所有效管理起来，发挥它们的作用，丰富未成年人的校外活动内容是必要和可行的。

2．居、村民委员会的预防犯罪教育

城市居民委员会、农村村民委员会是基层群众自治组织，它们在我国社会治安综合治理中发挥了重要的作用。在居民委员会和村民委员会的工作范围内，预防未成年人犯罪是一项主要内容。

城市居民委员会和学校、家庭都有直接的联系，是社区工作的中心环节。特别是市场经济使城市居民的生活环境发生了巨大变化，流动人口急剧增加。在打工一族中，有大量的未成年人，他们是社会管理和控制最薄弱的人群，往往成为法制教育和预防犯罪教育的空白点。居民委员会应当协助当地政府和公安派出所做好社区内预防未成年人犯罪的教育工作。

在当前加强农村基层组织建设中，突出村民委员会的民主法制建设，增强法制观念，减少违法犯罪是当务之急。很多农村的中小学办学条件较差，难以胜任对未成年人的预防犯罪教育工作，这就要求村民委员会在预防未成年人犯罪的教育中承担起更大的责任，包括鼓励家庭和学校同时做好犯罪预防工作。

3．未成年人就业培训中心的预防犯罪教育

随着经济的发展，近年来我国的职业教育、职业培训机构有了很大的发展。16～18岁的未成年人，以及初中以后就不再升学的不满15岁的未成年人，他们进入劳动力市场，被称为"未成年工"，在有一定限制的情况下，他们可以从事有经济收入的生产性劳动，但一定要做好岗前职业培训。为此社会上建立了各类职业培训机构，用人单位设有临时性的职业培训班，对劳动者进行上岗前的教育。针对已满16岁、脱离学校教育准备就业的未成年

人，《预防未成年人犯罪法》规定，职业教育培训机构、用人单位在进行培训时，要重视预防犯罪的教育，要有专门的教材和课程。对没有接受预防犯罪教育的未成年人不得颁发职业资格证书，不得准予上岗。

4. 社会其他方面的保护职责

第一，各级政府应把建立和完善未成年人活动场所和活动设施纳入经济建设和社会发展规划，严禁任何单位和个人挤占、挪用、毁坏未成年人活动场所。

第二，各级政府应支持和奖励文艺、科技工作者创作有益于促进未成年人健康向上的精神产品。

第三，各级政府应组织专门力量加强对流浪、行乞未成年人的收容管理，严厉打击组织未成年人进城行乞的不法分子。

第四，营业性歌舞厅、夜总会、酒吧等场所，应设置明显标志，严禁未成年人进入。

第五，各地纪念馆、博物馆、图书馆、科技馆、体育馆等文化场所应在中小学假期向未成年人免费开放。

第六，各企事业单位严禁招收、雇用不满16周岁和正在接受义务教育的未成年人。

第七，未成年人参加公益性劳动或活动时受到意外伤害的，由组织者和受益单位共同承担保护职责。

第八，任何组织和个人不得披露未成年人的隐私。

八、未成年人犯罪的自我防范

未成年人犯罪的自我防范主要包括提高自我保护意识和学会自我保护（图4-6）。

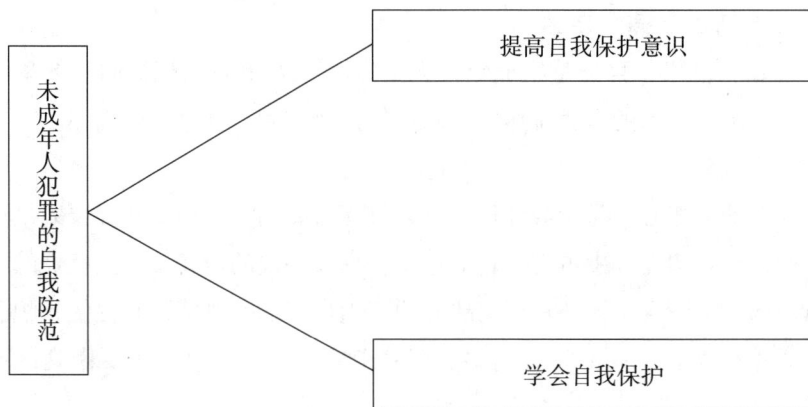

图4-6　未成年人犯罪的自我防范

（一）提高自我保护意识

为了预防犯罪，未成年人在社会条件比较复杂的情况下，应该加强自我防范，提高自我保护意识。具体来说，应做到以下几方面（图4-7）。

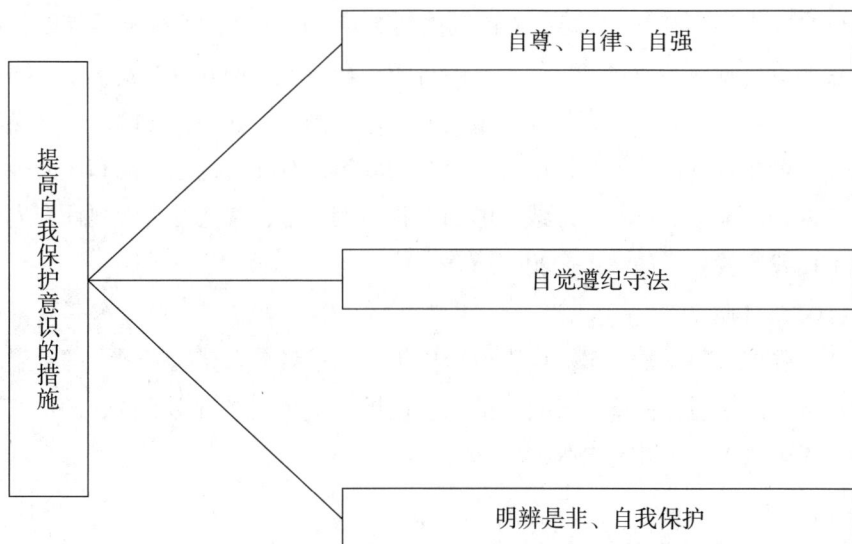

图4-7　提高自我保护意识的措施

1. 自尊、自律、自强

自尊、自律、自强是未成年人人格完善，人生态度积极向上的集中体现，是对不良行为的自我排斥，是赢得他人尊重和社会保护的前提。

（1）自尊

自尊即自尊心，是社会评价与个人自尊需要的关系的反映。个人生活在群体中，总希望在其中占有一定的地位，享有一定的声誉，得到良好的社会评价。当社会满足个人的自尊需要时便产生肯定的自尊感，它促使人积极向上，以追求实现更高的社会期望。培养未成年人的自尊心需要做到以下两方面。

第一，积极促成他们的自尊需要。

第二，对他们进行积极的社会评价。

由于缺乏自尊而导致未成年人犯罪的情况有以下两种。

第一，自尊心过强，致使这种自尊完全脱离自己的实际状况。因而自尊需要无法满足，由此而产生逆反心理，即出于自尊心需要，他们就会以违反道德，甚至违法犯罪的方式实现自尊的需要。

第二，自卑倾向，对社会评价麻木，自暴自弃。

（2）自律

自律也称"道德自律"，是指道德判断受自己主观价值标准所支配，即社会成员自觉地约束自己，使自己的行为符合社会道德规范的要求。自律需要成熟的道德判断，只有长期注重自身道德修养，树立了良好的道德情操的人，才可能具有很强的自律能力。有些未成年人对社会道德规范和优秀传统文化内化得不够，不足以形成足够的自我约束能力，甚至常常无视社会道德规范而我行我素，最终走向犯罪道路。

（3）自强

自强即自我激励，努力向上。未成年人无不对未来充满憧憬，都希望能实现自己的梦想。但要实现自己的人生理想，要时刻严格要求自己，奋发努力，天天向上，这才是自强。

2. 自觉遵纪守法

现代社会要求公民遵守国家法律和社会道德。未成年人要在每天的生活当中学习各种行为规范，在这种养成教育中，未成年人可以在父母、老师和社会的帮助下了解做一名合格社会成员应当遵守的基本行为规范，如尊敬老师、爱护同学、遵守校规校纪、遵守交通规则、遵守社会公德等。未成年人从小养成遵纪守法的良好习惯和品德就是对犯罪的自我防范。唯有如此才能对社会各种不良风气产生很强的免疫力。未成年人身心的自我完善是其在社会环境不理想、诱发犯罪因素很多的情况下独善其身的根本保证。

3. 明辨是非、自我保护

明辨是非是未成年人自我保护的难点，也是自我保护的重点。未成年人还不具备辨别是非的能力，而且社会上的是非难以辨别。社会转型带来的"失范"效应甚至可能使未成年人的是非观念完全扭曲。比如，社会上曾经十分激烈地争论过"大是大非"的问题，诸如公与私的问题，义与利的问题等。这些问题在成人社会也没搞清楚，自然会使未成年人的是非观念混乱。不良思想、意识和观念难免乘虚而入，由于辨别不清，未成年人就很难自我保护。当前未成年人在充分享受物质生活的同时，在精神生活方面处于困惑之中，他们容易受到错误观念的毒害，这就要求未成年人增强辨明是非的能力，同时，社会、学校、家庭也要做出不懈的努力。

（二）学会自我保护

1. 当自己的人身权受到侵害时的自我保护

人身权利是重要的民事权利，包括名誉权、荣誉权、隐私权等。未成年人一般没有个人的财产，人身权利就显得格外重要。未成年人心理承受能力还不强，当自己的名誉权、荣誉权、隐私权受到侵害时，可能导致未成年人自杀。因为当侵害袭来时，如诬陷、诽谤等，他们往往难以承受，为证明自己的清白就以死抗争，这种做法是放弃了自我保护。未成年人在遭遇人身权利的侵害时，一定要果断地拿起法律武器，保护自己的正当权利。同时要坚定正义必定战胜邪恶的信念，要树立在逆境中生活的勇气。

2. 寻求法律的保护

为防范违法犯罪的侵害，未成年人首先应当学会利用法律武器保护自己，要认真上好法制课，做到知法、懂法、守法。未成年人如果受到不法侵害，应当及时寻求家长、老师、同学的帮助，必要时可以直接寻求司法机关的帮助。

3. 社会交往中的自我保护

社会是复杂的，不法分子也会出现在各种社交活动中，引诱、侮辱、猥亵、调戏等情况都可能出现，面对这些情况，未成年人保护自己要做到以下几方面。

第一，要不为所动，自尊自爱，以正压邪。少男少女在社交活动中行为不检点是不轨之徒乘虚而入的契机。

第二，未成年人在社交活动中要慎重交友，不要轻信他人，谨防上当受骗。另外，在社交活动中，未成年人要能抵抗诱惑。

第三，未成年人应注意自己意志薄弱的特点，要自觉地提高警惕，控制自己的欲望，抵制种种诱惑，保护好自己。

第五章　网络不良信息与
未成年人的保护

　　网络在传播知识、信息，促进社会融合，提高效率，节省成本，推动经营方式转变与升级等方面发挥了不可替代的积极作用。但是，我们也应当看到，网络是一把"双刃剑"。网络上有很多负面、消极的东西，有些人利用网络的虚拟属性从事诈骗等危害社会与他人的活动。负面信息对于具有社会阅历的成年人来说尚且构成诱惑和陷阱，对于涉世未深、心智发育尚不成熟、充满好奇心的未成年人而言，更是构成潜在威胁。由于网络本身的开放性特点，加之网络的迅速普及，尤其是移动互联终端手机的普及，未成年人很容易接触到网络并受到其中不良信息的影响。这些网络不良信息在潜移默化中危害未成年人成长，甚至改变其人生轨迹。因此，一定要加强对未成年人的保护。

第一节　网络不良信息影响未成年人的健康成长

一、网络不良信息对未成年人的危害

网络不良信息，就其范围而言，一般包括以下几方面（图5-1）。

第一，渲染暴力的网络信息。

第二，网络淫秽色情信息。

第三，直接或间接诱发犯罪的网络信息（毒品等）。

第四，低俗、攀比、拜金主义。

第五，单独出现或者混杂于其他信息中的反动信息、伪科学与迷信信息、暴力信息、厌世信息等。

图5-1　网络不良信息

未成年人接触上述信息的载体一般为图片、视频、游戏和小说，而且通常是被动接触。网络不良信息对未成年人的危害主要包括以下几方面（图5-2）。

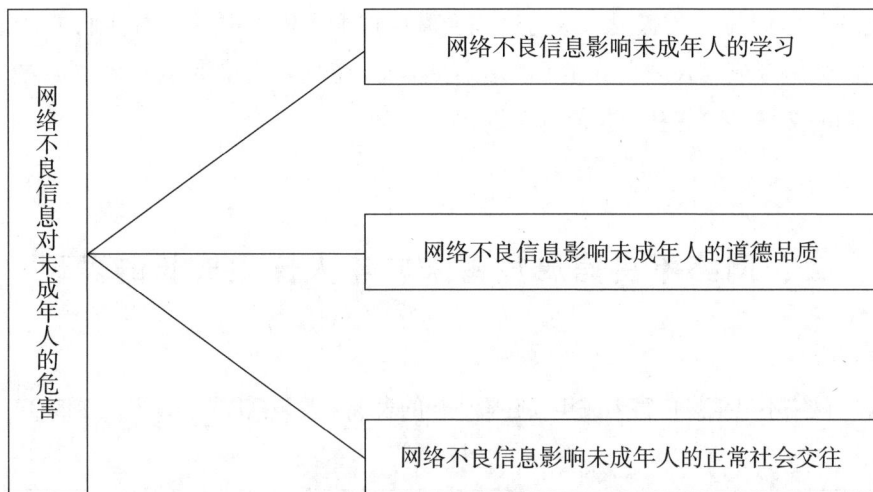

图5-2　网络不良信息对未成年人的危害

（一）网络不良信息影响未成年人的学习

网络不良信息具有一定的刺激作用，能够激发起未成年人强烈的好奇心，耗费他们的时间和精力，最终影响他们的学习。

（二）网络不良信息影响未成年人的道德品质

网络不良信息中折射的价值观念是扭曲的，未成年人处于各方面都在发展的时期，对一些不良信息没有判断能力，所以，他们无法抵御网络不良信息的影响，从而导致价值观念也出现扭曲，对正确道德品质的形成产生消极影响。

（三）网络不良信息影响未成年人的正常社会交往

网络不良信息容易使未成年人沉迷网络，在网络中，未成年人被这些不良网络信息吸引，他们自由"翱翔"在这些不良信息中，对于社会中的正常交往，他们往往会忽视，认为这些会耽误他们上网的时间，对他们毫无意义。如果未成年人一直沉迷于网络不良信息，就不利于他们与社会中正常人之间的交往，一些社交技能都会退化。

二、网络不良信息危害未成年人健康成长的表现

网络不良信息危害未成年人健康成长的表现主要包括以下几方面（图5-3）。

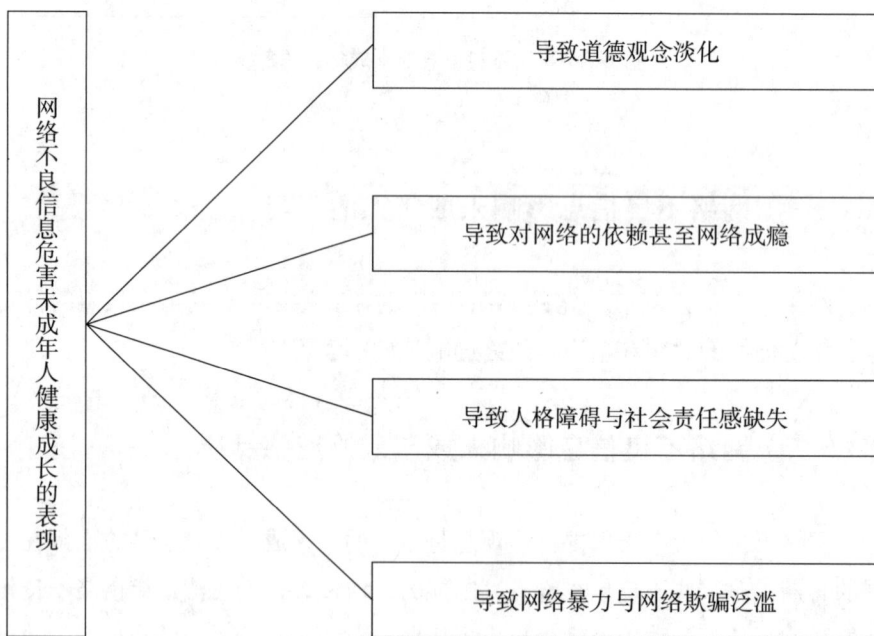

图5-3　网络不良信息危害未成年人健康成长的表现

（一）导致道德观念淡化

中国传统儒家道德被概括为"仁、义、礼、智、信、忠、孝、悌、节、恕、勇、让"。儒家教义把整体的道德规范集于一体，形成了以"仁"为核心的伦理结构。现代青少年的道德集中体现在价值观方面。我国现阶段倡导"富强、民主、文明、和谐"，倡导"自由、平等、公正、法治"，倡导"爱国、敬业、诚信、友善"的社会主义核心价值观，社会主义核心价值观涵盖了公德与私德两个方面。这二十四个字是衡量个人行为是否为主流道德接纳、认可的标准。随着网络技术的普及，网上海量的以各种形态展示的信息吸引着数以亿计的青少年的目光。其中，有的是通过网络查阅学习资料；有的是通过网络看新闻，了解世界大事；也有的是在网上随意冲浪，消磨时光；还有的是被光怪陆离的网络世界所吸引，对虚拟世界中各种各样的生活方式、生活态度感到好奇；有的则沉迷于网游，并把自己设想成游戏中的角色，从中获得满足感。在潜移默化中，青少年的观念不知不觉发生着变化，他们的日常行为也随之变化，离传统越来越远。其中，一部分人开始对真理、传统道德准则，乃至当代社会主义核心价值观产生动摇甚至怀疑，导致"相对主义"与"怀疑主义"在一部分青少年中盛行。

相对主义者认为，文化和个人都在道德问题上有不同意见，因此没有客观的道德规范。为了维护这个前提，相对主义者通常列举一些例子，证明跨文化和文化内部对性行为、堕胎、战争和死刑等现象各有不同的道德评判。

怀疑主义者没有提出见解，只有对见解提出的意见。怀疑主义者认为，知识是有限的；怀疑与不断考验，是达成一致认知的方法；道德价值观存在主观性与相对性；知识存在缓进性；对人类行为的正面动机、正面结果缺乏信心。

道德观演化导致网络欺骗行为盛行，辱骂、人肉搜索等网络暴力充斥蔓延，道德推脱成为一种在青少年中普遍存在的现实，从而引发或进一步助推了偏差行为。网络不良信息助长了利己主义、唯我独尊的心态。网络也在一定程度上迎合了青少年渴望表现自我的欲望，从而容易引发攀比效应、模仿效应，使青少年在不知不觉中开始向往物质上的满足，从而助长青少年的虚荣心。[①]

（二）导致对网络的依赖甚至网络成瘾

网络依赖有轻重之分。过度的依赖则属于网络性心理障碍，即患者往往没有一定的理由，无节制地花费大量时间和精力在互联网上持续聊天、写博客、刷微博、玩网游、维护个人主页或无目的地浏览网页等，以致影响生活质量，降低工作效率，损害身体健康，并出现交感神经功能部分失调甚至行为异常等（图5-4）。严重的网络依赖，被称为"网络成瘾综合症"，简称网络成瘾（图5-5）。其症状可发展为食欲不振、情绪低落、精力不集中，乃至神经紊乱、免疫功能降低，进而引发心血管疾病、抑郁症等。[②]

图5-4　网络依赖

---

① 郭开元.网络不良信息与未成年人保护研究报告[M].北京：中国人民公安大学出版社，2018.
② 同上.

图5-5　网络成瘾

（三）导致人格障碍与社会责任感缺失

网络文化是一把双刃剑，它一方面加速了青少年的社会化过程，在短时间内影响乃至促进了其人生观、价值观的形成；另一方面网络严重削弱、阻碍了青少年对现实社会活动的参与。网络环境的自身特点和良莠不齐的内容使得青少年产生一种错觉，认为网络世界里的自由才是无拘束、无限制的"真正"自由。他们长时间浸泡在虚拟环境，沉溺于虚拟角色之中，在现实中受挫时往往转向虚拟社会寻求安慰，逃避现实。当回到现实世界时，他们往往以虚拟世界的思维方式处理现实世界中的问题，以至于出现角色混乱，乃至人格异化。过于频繁地改变性别、身份容易引起心理危机，造成双重人格障碍。网络具有情绪发酵与放大效应，悲观的情绪很容易传递给其他人，相互感染并使得负面情绪被反复强化。

（四）导致网络暴力与网络欺骗泛滥

网络暴力通常有两种不同的含义：一是指网络作品（如网络小说、网络电影、网络视频等）所包含的展示暴力的描述或场景；二是指借助互联网实施的针对他人的、野蛮且不讲道理的人身攻击行为。与此相近似的还有网络欺凌行为。一般认为，网络欺凌行为包括利用信息交流技术，通过互联网平台张贴有损于他人的信息等方式实施蓄意的、重复的和敌意的行为。如果说网络虐狗、虐猫属于网络暴力，绝大多数人会赞同。倘若说人肉搜索也属于网络暴力，或许很多人会表示不理解。对于何为人肉搜索，目前尚无权威界定。一般认为，人肉搜索是以互联网为媒介，部分基于用人工方式对搜索引擎所提供信息逐个辨别真伪，部分又基于通过匿名知情人提供数据的方式搜集信息，以查找人物或者事件真相的群众活动。通常，人肉搜索活动由一起公众关注的事件引发。该事件可以是犯罪行为，或者为主流道德观所憎恶的行为，或者是其他事件的当事人。事件发生后，对此事件或人物好奇或感兴趣的网友在网络上贴出公告，号召其他网民帮助提供目标对象的身份和相关信息。响应者借助人际关系等手段获得目标对象的个人信息后发布到网上。其他网友帮助核实，或者以此为基础进一步寻找目标对象更多的资料信息，接力棒在网友之间传递，最终加以汇总并发布。

网络暴力不利于青少年形成正确的自我意识和社会态度，也不利于青少年心理健康。青少年在遭遇网络暴力时，往往产生愤怒、焦虑的情绪（图5-6）。

图5-6　网络暴力

除了网络暴力，欺骗是网上偏差行为的另一种重要表现形式。网络用户把自己隐藏在面具背后（如改变自己的性别），蓄意给他人造成错误的印象。女性在网上把自己说成男性，去体验更多的权力感；男性把自己装扮成女性，有时是为了得到更多的关注。这些情况严重的还可能引发犯罪。[①]

三、网络不良信息危害未成年人健康成长的影响因素

网络不良信息危害未成年人健康成长的影响因素主要包括以下几方面（图5-7）。

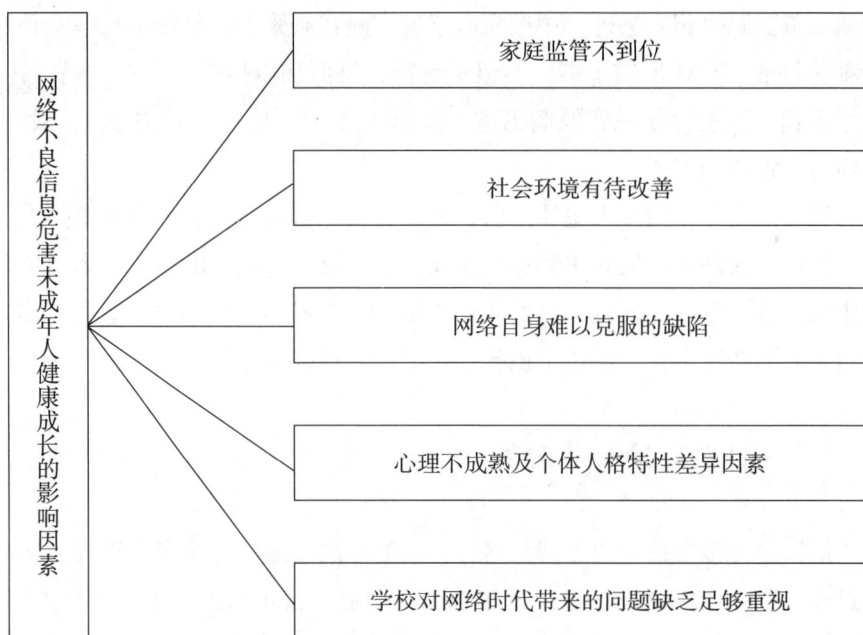

图5-7　网络不良信息危害未成年人健康成长的影响因素

---

① 郭开元.网络不良信息与未成年人保护研究报告[M].北京：中国人民公安大学出版社，2018.

（一）家庭监管不到位

中国传统教育理念认为只有在严格管教之下培养出来的孩子才有出息。有的家长给孩子划定了严格的条条框框，不允许越雷池一步。有的家长则出于"望子成龙"的心理，过分看重孩子的学习成绩，稍有波动就批评甚至打骂。这样的家庭管教方式很容易造成孩子的逆反心理，导致孩子转而逃避到网络，希望在虚拟环境中寻求精神慰藉。另一种极端的现象就是溺爱，孩子做错了也舍不得批评，日复一日使得他们养成了任性的性格，缺乏合作精神，毫无社会责任意识。另外，在我国，外出务工人员逐年增加，有的甚至夫妻双方都外出务工，把年幼的孩子留在老家由老人照管。有的老人年老多病，又没有文化，根本无法照顾孩子的学习，老人的生活圈子小，消息相对闭塞，孩子在外面究竟干了什么全然不知，有的孩子甚至有意对爷爷奶奶或姥姥姥爷隐瞒真相。另外，中国家庭素有"隔代溺爱"的传统，祖辈看孙辈全都是好的，孩子做错了事，不但不责罚，反而加以袒护，或者大错轻罚，小错不罚。这就等于纵容他们犯错，久而久之，旷课逃学、泡网吧、酗酒、偷窃等习惯逐渐养成。

调查发现，未成年人犯罪与监护人教养失职密切相关，但由于监护人法律责任的立法缺失，实践中存在"家长有病，孩子吃药"的错位。为避免罪错未成年人再度成为问题家庭的代罪羔羊，应以强制性亲职教育追究教养失职监护人的法律责任，通过干预问题家庭，实现未成年人犯罪预防。

（二）社会环境有待改善

居民区乃至学校周边黑网吧盛行，网吧非法接纳、容留未成年人上网乃至过夜，是一个极大的隐患。近年来，黑网吧经营正由大变小，化整为零，逐渐从城中向乡镇转移。此类黑网吧有极强的隐蔽性，规模小、分散性大，逐渐成为黑网吧查处取缔工作的新难点。国务院发布的《互联网上网服务营业场所管理条例》规定，擅自设立互联网上网服务营业场所，或者擅自从事互联网上网服务经营活动的，由工商行政管理部门或者由工商行政管理部门会同公安机关依法予以取缔，触犯刑律的，依照刑法关于非法经营罪的规定，依法追究刑事责任。然而，依旧有人见利忘义，我行我素，与工商、文化、公安等部门打起了游击。有的网吧还潜伏在居民楼里或者县城边的村子里，逃避监管。许多中小学生因此荒废学业甚至步入歧途，绝大多数"黑网吧"还存在"包夜"通宵经营现象。

（三）网络自身难以克服的缺陷

互联网有其自身无法克服的缺陷。如对自由的滥用、社会责任感的弱化、现实社会参与性意向的减弱与人际沟通障碍、助推网络违法犯罪的蔓延等，其根源在于互联网本身。开放性和匿名性是互联网的重要特征，如果离开这两个特征，网络势必丧失其原有的活力。网络的开放性和匿名性造就了独特的网络文化。网络文化主要是陌生人之间的一种虚拟关系。现实生活中相互熟识的人之间即便利用网络进行联络和交流，大多并不是看重了互联网的"匿名"属性所提供的"伪装"效果，而更多的是出于对经济（免费）和时效性、便利性的考虑。由于在虚拟的网络环境下彼此之间是陌生人，没有了身份暴露的顾虑，在网络聊天、论坛中，谎话、脏话随处可见，青少年在这种不规范的网络环境中完成社会化的过程，其危险是显而易见的。当他们在现实社会的人际交往中碰到冷遇或挫折时，往往不是积极地调节和完善，而是选择放弃，转而沉溺于网络交往，由此形成恶性循环。久而久之，他们就无法摆脱对网络的依赖。

互联网所具有的参与者"去身份化"以及自由平等的属性，为青少年创造了自由翱翔的天地。网民的观点越新、奇、特，可能得到的反响越大、回应越多。现实中难以实现甚至无法企及的东西和梦想，在网络上就有可能成为现实。互联网一方面是逃避现实的避难所；另一方面又是青少年获得成就感、满足感的平台和场所。

在互联网环境因素中，网络匿名性是导致青少年网上偏差行为的主要原因。由于网络超空间的特征，网上交际是以身体缺场为前提的，这和传统面对面的人际交往是不同的。因为身体缺场，和面对面的人际互动相比，网络人际互动缺少了很多线索，这将导致个体在互动情景中判断互动目标、语气和内容的能力降低，从而出现更多的极端行为。由于网络的匿名性和不规范，导致个体偏差行为的出现。

（四）心理不成熟及个体人格特性差异因素

网络中有些内容过度宣扬哥们儿义气，放大黑帮人物的豪气，恰好契合了青少年的英雄情结，很容易产生共鸣。这就很容易使青少年把剧中人物的价值观内化为自己的价值观，如此潜移默化，在生活中自觉或不自觉地加以模仿。他们的行为，又会引起后来者的模仿，引起恶性循环。

另外，青少年对性抱有强烈的好奇心，在网络不良信息的反复刺激下，他们尚不成熟的人生观、价值观、道德观瞬间被瓦解。青少年的身心特点决定了他们对这些感性的刺激缺乏理性的思考，容易对所传递的暴力模式或男女交往模式产生认同感、亲近感甚至激发其无限向往。

网络不良信息还容易诱发未成年人违法犯罪。网络不良信息所传播的扭曲的价值观念、偏差的行为模式会影响未成年人的价值判断标准，诱发违法犯罪行为。

（五）学校对网络时代带来的问题缺乏足够重视

不可否认，升学率不仅关系到学校的声誉，还关系到学校的生源，更关系到学校可获得的经费的多少，关系到教职工的收入。升学率目前依旧是教学活动的指挥棒。

对于网络给青少年带来的负面效应，教师并非毫不知情。尽管网络的消极影响已经引起学校和教师的警觉，但学校面对席卷而来的网络大潮显然缺乏有效的应对之策。在课堂与网络对学生的争夺战当中，网络似乎比课堂更有吸引力。为了赶上时代的潮流，中小学竞相开设计算机与网络课程，另外，又不得不对网络有所提防。学校能采取的措施和办法实际上很有限。

第一，德育教育。多数时候这类课程被学生视为一种模式化的"说教"，在心理上有所抵触。

第二，技术化的手段。在学校电脑上安装绿色防护软件，或利用社会资源邀请民警、法官到学校为学生开设如何防止网络违法犯罪行为的讲座，建立法制副校长制度，或者与青少年社会服务机构合作，定期开展如何避免或戒除网瘾的主题班会等活动。

尽管网络给人类带来了诸多烦恼，但多数人认为网络给人们带来的"利"远大于"弊"。因此，彻底禁绝网络是逆历史潮流而动的，也是不现实的。学校和老师要对未成年人规范、合理上网进行积极引导，力争变网瘾少年为网创人才。

第二节　网络中的各种不良信息与未成年人保护的关系

本节仅对网络暴力游戏以及网络色情信息与未成年人保护的相关知识进行简要阐述。

一、网络暴力游戏与未成年人的保护

网络暴力游戏将生命符号化、数字化，对未成年人犯罪具有推动作用（图5-8）。

（一）未成年人接触网络暴力游戏的特点

第一，网络暴力游戏是未成年人接触网络暴力信息的主要途径。在对网络暴力信息的专项调查中，有27.2%的未成年学生表示自己是通过网络游戏接触到网络暴力信息的，这成为继图片、视频之后第三大网络暴力信息的接触途径。

图5-8　警示网络暴力游戏

第二，对网络暴力游戏接触的限制在未成年学生群体和未成年犯群体中存在差异。在关于"在家里，父母对你玩网络暴力游戏是否限制"的调查中，有41.3%的未成年学生表示父母会禁止自己玩网络暴力游戏，而仅有18.3%的未成年犯的父母会禁止子女玩网络暴力游戏。这说明，在网络暴力游戏的接触上，未成年犯受到的限制较少。[①]

（二）网络暴力游戏影响未成年人健康成长的表现

1. 网络暴力游戏对未成年人认知的误导

网络暴力游戏对未成年人的健康成长具有误导性，其主要表现在下列三个方面。

[①] 郭开元.网络不良信息与未成年人保护研究报告[M].北京：中国人民公安大学出版社，2018.

（1）对暴力是非观的误导

网络暴力游戏将攻击行为合法化、正当化，将暴力作为游戏的唯一通行证，通过对杀伤行为在装备、晋级等方面即时性的奖励，强化了未成年人对攻击行为正确性的认知，认为"力量即正义"，弱者就应当被消灭，不必有任何怜悯之心。网络暴力游戏增加了未成年人对攻击行为的宽容和认可度。

（2）对社会暴力问题现状的误导

网络暴力游戏中侵犯行为的过度设定，会使未成年人形成对社会环境和危险性的错误判断。研究发现，青少年玩家的暴力网游接触量越大，越倾向于高估自己被攻击的可能性，高估暴力犯罪的发生比例，并且越倾向于认为世界是卑鄙的。

（3）使未成年人模糊虚拟世界与现实世界的界限

暴力网游世界与现实世界的人物、价值观、生存法则、规则、环境均存在根本性区别。虚拟世界中的玩家不受任何道德、法律的制约，暴力至上，玩家暴力程度与生存可能性呈正相关关系。但是现实社会却完全不同。许多沉迷网络暴力游戏的未成年人将游戏人物与现实人物混淆，将游戏中的攻击行为带入现实生活中。受其影响的未成年人犯罪行为往往更为凶狠，甚至认为杀人之后，被杀的人还能够像游戏人物一样死而复生。

2. 网络暴力游戏危害未成年人的身体健康

网络暴力游戏使未成年人沉迷网络，长时间连续上网，造成对其健康、生命的损害。同时，网络暴力游戏对视力伤害严重。电脑显示屏有一定的辐射和电磁波，沉迷网络暴力游戏的未成年人长时间注视电脑屏幕，会诱发眼睛疾病。此外，网络暴力游戏还会诱发其他疾病。网络暴力游戏玩家的游戏动作具有单一性和重复性，久坐不动加长期持续同一动作，容易导致骨骼疾病以及腰部、肩部等身体部位疾病。而部分暴力网游开发商为了增强玩家体验感，在游戏的部分环节增加了高强度的闪烁画面，这些闪烁画面在造成眼部疾病的同时，也容易导致如癫痫病的发生。

3. 网络暴力游戏危害未成年人的心理健康

网络暴力游戏对未成年人的心理危害主要包括下面两个方面。

（1）价值观的冲击

第一，形成麻木的生命观。网络暴力游戏中充满了血腥的场景，并且将杀死对手作为升级或者过关的必要条件。经过长期的暴力游戏接触之后，未成年人的"暴力恐惧"会逐渐转化为一种"暴力娱乐"，对暴力游戏逐渐产生依赖感。同时，网络暴力游戏将生命化作一种符号或者说一个数字，未成年人杀死一个又一个敌人的时候只是杀死一个又一个符号、数字，没有任何怜悯之心。未成年人长期痴迷于网络暴力游戏，会形成一种麻木的生命观。

第二，形成暴力思维和暴力崇拜。在网络暴力的世界里，所有的问题都是通过武力解决的。沉溺于网络暴力游戏中的未成年人，由于长时间体验暴力血腥场面，认为暴力是解决问题最有效的方式。在现实世界中遇到矛盾和纠纷，容易丧失理智，以暴力手段解决冲突。

（2）虚拟世界与现实世界的混淆

在网络暴力游戏的环境中，未成年人可以随意杀戮而不需承担任何责任，其是暴力行为的实施主体，是主动参与者。游戏人物的死亡，代表着作为对手的玩家在网络游戏空间内的死亡。因此，长期沉溺于网络暴力游戏的未成年人，容易混淆虚拟世界中的"对手"和现实世界中的人。同时，网络游戏追求背景和人物的逼真性以及与现实世界的高度契合性，对于心智尚未成熟的未成年人，很容易混淆虚拟世界与现实环境，并且很容易将网络环境中的行为带入现实世界，引发暴力犯罪。

4. 网络暴力游戏对未成年人行为的不良影响

（1）网络暴力游戏导致未成年人夜不归宿

一些未成年人在成长的关键时期由于缺乏家庭关爱，或者父母教育方式不当，为逃避父母的压力以及家庭矛盾，转而对网络暴力游戏产生依赖。沉迷网络暴力游戏的未成年人，更倾向于去网吧上网，而且往往通宵上网，夜不归宿。

（2）网络暴力游戏引发未成年人打架斗殴

网络暴力游戏是诱发未成年人打架斗殴的主要原因之一。网络暴力游戏中的暴力信息对未成年人不良行为习惯的养成具有极强的诱导性。

（3）网络暴力游戏引发未成年人的犯罪行为

第一，网络暴力游戏引发未成年人暴力行为模仿。网络暴力游戏具有示范效果，向未成年人展示如何去杀人，传授杀人的具体方法和犯罪工具。未成年人思想不成熟，行为具有高度的模仿性，为追求刺激而将网络中的搏杀行为带入现实环境中，由网络玩家转变成现实罪犯。

第二，网络暴力游戏引发未成年人激情犯罪。网络暴力游戏向未成年人灌输了一种暴力可以解决一切问题的思维模式和行为方式，使其形成暴力、冲动的性格。长期的暴力游戏接触使未成年人变得情感冷漠，淡化了现实中暴力行为的负罪感，增加了自身的攻击倾向。

第三，网络暴力游戏引发未成年人侵财犯罪。未成年人一般为没有收入来源的学生，而玩网络暴力游戏却需要大笔的上网费用以及游戏费用，因而容易引发侵财犯罪。

5. 网络暴力游戏影响未成年人的社会化

网络暴力游戏容易导致未成年人个体社会化的阻滞，表现在如下几个方面。

（1）网络暴力游戏影响未成年人的自我定位

未成年人在现实世界中面临生活、学习等各方面的竞争和压力，在网络暴力游戏的环境中，其内心的负面情绪有了宣泄和抒发的渠道。未成年人在网络暴力游戏环境中不受各种行为规则的束缚，可以肆意决定游戏人物的生死，长此以往，自制能力差的未成年人会形成心理依赖。

（2）网络暴力游戏影响未成年人的人际交往

长期沉迷网络暴力游戏的未成年人，在网络环境中的攻击行为被不断强化，暴力思维被不断巩固，久而久之他们的性格和行为表现均发生强烈变化，具体表现为情感冷漠、孤僻、偏激、暴躁易怒，具有攻击性，无法与人进行正常的交流，使人际交往能力受到冲击。

（3）网络暴力游戏影响未成年人的生存能力

个体社会化的过程是一个通过正常的生存技能和行为规范的学习和接受，逐渐提升自己适应社会能力的过程。而网络暴力游戏直接影响未成年人生存技能的习得和生存能力的提升。未成年人沉迷于网络暴力游戏环境中，将自己与现实社会隔离，虚拟的网络环境给了未成年人自我封闭的天地。网络暴力游戏世界的自闭性、价值观误导性和金钱依赖性，隔断了未成年人对正常生存技能的习得与行为规范的接受，妨碍了未成年人的个体社会化进程。

（三）治理网络暴力游戏的对策

抵制网络暴力要做到如下两个方面（图5-9，图5-10）。

图5-9　抵制网络暴力

图5-10　严惩网络暴力

1. 未成年人的人身权益保护

未成年人沉迷网络暴力游戏，长期持续上网引发身体损伤甚至死亡，这类报道屡见不鲜。这与未成年人的父母、老师监管不到位，部分规章制度执行不力以及部分网吧违规经营，放任未成年人上网有直接的关系。因此，家长和学校应当加强对未成年人的管护和引导，政府部门也应加强对网络暴力游戏的治理（图5-11）。

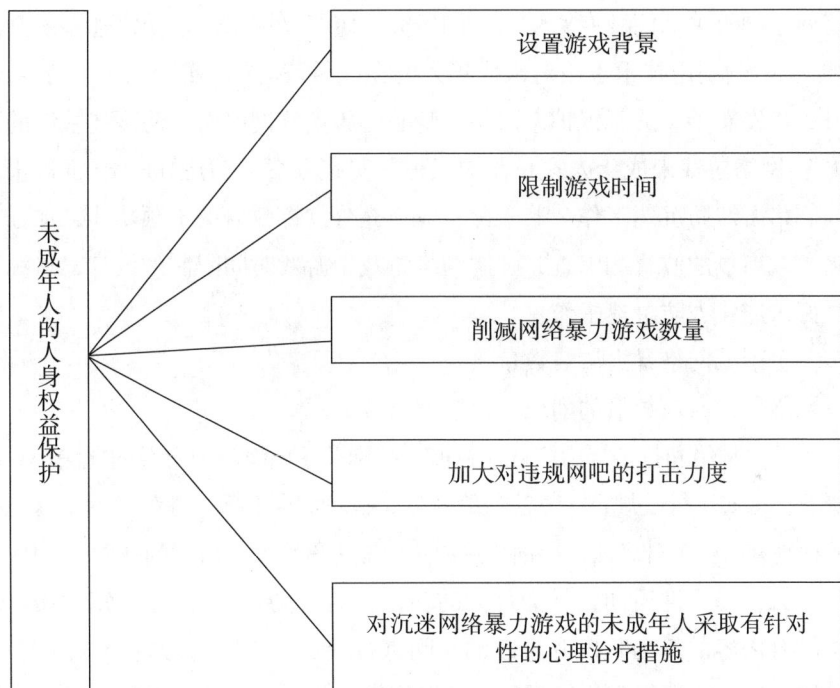

```
                        ┌─────────────────────────────┐
                        │        设置游戏背景          │
                        └─────────────────────────────┘

                        ┌─────────────────────────────┐
                        │        限制游戏时间          │
                        └─────────────────────────────┘
未成年人的人身权益保护
                        ┌─────────────────────────────┐
                        │      削减网络暴力游戏数量    │
                        └─────────────────────────────┘

                        ┌─────────────────────────────┐
                        │     加大对违规网吧的打击力度 │
                        └─────────────────────────────┘

                        ┌─────────────────────────────┐
                        │  对沉迷网络暴力游戏的未成年人采取有针对│
                        │  性的心理治疗措施            │
                        └─────────────────────────────┘
```

图5-11　未成年人的人身权益保护

（1）设置游戏背景

近年来，因痴迷网络游戏导致未成年人视力下降的案例呈上升趋势。其原因包括以下两方面。

第一，由于长时间面对显示屏导致眼睛过度疲劳而引发。

第二，由于游戏背景的颜色、亮度等设计不科学而对眼睛造成刺激所致。

因此，应当要求网络游戏研发企业在游戏设计过程中注意游戏背景的设置问题，包括降低闪烁频率和强度，增大游戏背景颜色的柔和度等。

（2）限制游戏时间

游戏时间的限制问题分为两个方面。

第一，家长和学校应当加强沟通，对未成年人进行有效监管，同时，在家庭和学校环境中，对未成年人玩网络游戏的时间进行严格控制，对长时间上网玩游戏的行为及时制止。

第二，政府部门应当严格落实有关政策、标准。早在2005年，新闻出版总署就会同有关部门、专家学者共同研究制定了《网络游戏防沉迷系统开发标准》，力图利用技术手段对未成年人的在线游戏时间予以限制。随后八部委进一步发布了《关于保护未成年人身心健康实施网络游戏防沉迷系统的通知》《"网络游戏未成年人家长监护工程"实施方案》，力图进一步推进未成年人网络游戏防沉迷工作。鉴于此，应当充分发挥政府的干预功能，加强对网络游戏市场的监管和审查，强制网络游戏中游戏时间限制的设计，从源头上做好未成年人防沉迷工作。

（3）削减网络暴力游戏数量

网络暴力游戏数量的削减，包括三个方面。

第一，杜绝和打击暴力游戏。目前，我国关于网络暴力游戏的立法相对比较匮乏，多属于行政规章，立法层级较低，执行力度有限。建议将网络暴力游戏的杜绝和打击上升到法律层面，从源头上减少网络暴力游戏的开发和传播。

第二，暴力性质向非暴力性质的转化。对市场上已有的网络暴力游戏，应当结合内容的暴力程度和整改的空间进行处理。内容过分宣扬暴力崇拜、凸显屠杀细节和血腥恐怖氛围的，予以取缔；将游戏细节中的暴力元素非暴力化，对暴力网游进行强制性整改后，审查合格的，重新投放市场。

第三，开发研制非暴力游戏。加强非暴力游戏的开发和研制，一方面可以抢占网络游戏市场；另一方面也可以通过游戏内容的设计，发挥网络游戏对未成年人的教育功能。

（4）加大对违规网吧的打击力度

禁止未成年人进入网吧在我国已有明确的法律依据，在有法可依的前提下，加强有法必依，执法必严与违法必究成为政府监管部门的主要职责。政府部门对于网吧的整顿和治理应当常态化，同时应当严格落实法律法规对于网吧经营者的惩罚性规定，加大有关法律法规的执行力度以及对经营者的打击力。此外，为防止青少年沉迷网络游戏应当对网吧营业时间进行限制。

（5）对沉迷网络暴力游戏的未成年人采取有针对性的心理治疗措施

对沉迷网络暴力游戏的未成年人，还应当采取有针对性的心理治疗措施。目前，这方面的主要治疗方法是认知行为疗法。在网络暴力游戏成瘾的心理的产生过程中，认知上的扭曲是主要原因之一。认知行为疗法着力于找到不良认知所在，并进一步帮助未成年人重建认知结构和观念，纠正错误的认知，从而纠正其不良行为。

2. 未成年人的财产权益保护

财产权益保护在网络游戏语境下主要是玩家虚拟财产保护的问题。网络虚拟财产是一种数字化、非物化的财产形式，属于无形资产的一种。实践中，很多玩家都遇到过账号被盗、虚拟财产遭受损失的问题，由于立法保护的缺失，玩家往往会面临维权困难、投诉无果的困境，公安机关也因取证困难而无法处理。因此，为保护未成年人的财产权益，可以从多方面入手，见表5-1。

表5-1　未成年人的财产权益保护

未成年人财产权益保护措施	具体阐述
立法保护	目前，网络游戏虚拟财产的立法保护尚属于空白状态。网络虚拟财产的获得往往是玩家付出了大量的劳动或者花费了一定的资金，对其的保护不仅是对玩家财产权益的保护，也是保障网游市场规范化运转的基本要求。因此，应当承认网络虚拟财产的财产属性，将网络游戏虚拟财产作为公民合法财产予以保护，同时将非法占有他人网游虚拟财产纳入刑事法律中"侵犯财产罪"一章予以规制。同时，应当强化游戏开发运营商的责任，游戏开发运营商在性质上是提供游戏服务的服务提供者以及保管玩家虚拟财产的财产保管者，因而对因自身在游戏服务、管理上的过错而造成玩家财产损失的，应当承担责任
技术保护	为防止玩家的网络游戏虚拟财产损失，网络游戏开发运营商应当加强技术保护。一方面，应当设置安全完善的账号登录系统和虚拟财产恢复系统，保障玩家的账号安全，并在虚拟财产被窃取之后能够通过一定的验证程序找回；另一方面，网络游戏开发运营商应当做好完善技术、漏洞修复等工作，保障玩家在游戏过程中的运行顺畅，防止因技术故障而导致财产损失

二、网络色情信息与未成年人保护

（一）网络色情信息的概念

我国对网络色情信息的界定长期存在争议，因为不同民族、不同地域和不同社会发展阶段的人基于文化传统、宗教习俗和个体情感的差异而有不同的界定。正是对色情信息的表达具有主观性的特征，所以色情信息很难有客观的标准。在我国，色情与淫秽界限模糊，容易混淆。根据2004年《互联网站禁止传播淫秽、色情等不良信息自律规范》的规定可以确知："色情信息是指在整体上不是淫秽的，但其中一部分有第三条中1至7的内容，对普通人特别是未成年人的身心健康有毒害，缺乏艺术价值或者科学价值的文字、图片、音频、视频等信息内容。"因此，网络色情信息具有体量大、形式多样的特点，也有跨地域、国界，不受时空阻隔、传播快而广的特点，亦有隐秘性特征。间接或直接以营利为目的的团伙与个人，以网络为媒介，传播具有色情性质的图片、文字、音频与视频等内容。这些色情信息容易使未成年人沉迷其中，甚至诱发违法犯罪行为。

（二）未成年人接触网络色情信息的状况

未成年人接触网络色情信息的状况如表5–2所示。

表5-2　未成年人接触网络色情信息的状况[①]

未成年人接触网络色情信息的状况	具体阐述
未成年人主要是通过网络图片、视频等形式接触色情信息	网络色情信息以图片、视频以及性暗示等多种形式传播。对未成年人接触网络色情信息的调查数据显示，在所调查的普通未成年人中，21.4%在网上看过裸体图片，20.2%看过性行为视频；在所调查的未成年犯中，32.4%看过裸体图片，264%看过性行为视频。通过上述数据对比发现，未成年犯在犯罪前浏览色情信息的比例高于普通未成年人。在性别特征方面，在普通未成年人中，男性与女性未成年人在浏览色情信息方面差别不大；在未成年犯中，男性与女性有明显的区别，男性未成年犯更倾向于裸体图片。在地域特征方面，生活在城市与农村的未成年人浏览网络色情信息的比例没有显著差异，这与网络信息传播的跨地域性有关
未成年人接触网络色情信息主要集中在初中阶段	对未成年人接触网络色情信息的年龄阶段的调查数据显示，普通未成年人在小学阶段接触网络色情信息的占43.6%，初中阶段的占46.3%，高中阶段的占10.1%；未成年犯在小学阶段接触网络色情信息的占48.4%，初中阶段的占47.6%，高中阶段的占4.0%。总体而言，未成年人接触网络色情信息主要集中在初中阶段
普通未成年人多数是被动接触网络色情信息，而男性未成年犯多数是主动接触网络色情信息	针对未成年人接触网络色情信息途径的调查数据显示，普通未成年人主动搜索色情网站的占4.6%，通过垃圾短信提供的网址链接的占15.0%，浏览网页时自动跳出来的占55.6%，朋友通过手机发送的占11.1%。由此可知，绝大部分普通未成年人是被动获得网络色情信息。针对未成年犯接触网络色情信息途径的调查数据显示，未成年犯主动通过搜索色情网站获得色情信息的占28.9%，通过垃圾短信提供的网址链接的占17.8%，浏览网页时自动跳出来的占29.2%，朋友（同学）通过手机发送的占22.4%。与普通未成年人相比，未成年犯主动搜索获取网络色情信息的比例远高于普通未成年人，这说明未成年犯受网络色情信息的影响更严重
未成年人接触网络色情信息的心理反应主要是感到厌恶，而未成年犯主要是感到好奇和刺激	关于未成年人接触网络色情信息的心理反应的调查数据显示，普通未成年人看到色情信息时感到刺激的占6.3%，好奇的占14.3%，厌恶的占63.5%。由此可知，多数普通未成年人对网络色情信息是抵触与不接受的。未成年犯在犯罪前接触网络色情信息时，感到好奇的占46.6%，感到刺激的占33.7%，感到厌恶的占16.6%。由此可见，未成年人接触网络色情信息的心理感受的不同在一定程度上决定了网络色情信息对未成年人价值观念和行为方式选择的影响是不同的

[①] 郭开元.网络不良信息与未成年人保护研究报告[M].北京：中国人民公安大学出版社，2018.

续表

未成年人接触网络色情信息的状况	具体阐述
未成年人接触网络色情信息后的处理方式较为理性，而未成年犯更倾向于模仿和分享	调查数据显示，普通未成年人在接触到网络色情信息后，自己看看而已的占7.8%，模仿的占1.6%，转发给同学或朋友的占2.6%，关闭或删掉的占58.3%，举报的占22.8%；未成年犯在犯罪前接触网络色情信息后，自己看看而已的占41.5%，模仿的占14.2%，转发给同学或朋友的占12.7%，关闭或删掉的占23.8%，举报的占6.8%。由上述数据的比较分析发现，多数普通未成年人接触网络色情信息后的处理方式相对理性，但是未成年犯在犯罪前更倾向于转发给同学或模仿

（三）网络色情信息泛滥的原因

概括来说，网络色情信息泛滥的原因见表5-3。

表5-3　网络色情信息泛滥的原因

网络色情信息泛滥的原因	具体阐述
网络监管不足	国家虽明确限制网络色情信息的传播，也采取了诸如建立网络审查制度等措施，但网络色情信息大量泛滥使事实审查变得非常困难。在网络空间中，网络行为具有跨地域性、即时性、虚拟性、隐秘性等特点。犯罪嫌疑人往往远程异地管理，容易隐藏，这给犯罪的侦办带来较大的困难。我国虽然设立了网络监察部门，但因人员与经费缺乏及相关技术因素的原因，在现实社会中很难做到有效监控，从而使非法传播网络色情信息的犯罪事件多发
未成年人网络保护立法不足	我国在立法上没有对网络色情信息明确定义，从而使未成年人的网络保护立法不足，缺乏专门的未成年人网络保护法
未成年人网络素养的教育不足	随着我国经济的进一步发展和人民生活水平的逐步提高，网络越来越普及。未成年人有更多机会接触网络，但其对网络信息的鉴别能力差，加之好奇心强烈，容易受网络色情信息的引诱
对未成年人的性教育不足	因传统文化对性的禁忌，我国对性教育的重要性认识不足，从而在对未成年人的性教育中，无论社会、学校和家庭都始终处于半遮半蔽的状态。在网络普及的时代，网络上形式多样的色情信息是未成年人获取性知识的重要来源。但不法团体和个人为了谋取利益，主动诱骗未成年人接触色情信息，加之网络监管困难，造成网络色情信息泛滥，从而给未成年人的身心带来极大伤害

续表

网络色情信息泛滥的原因	具体阐述
互联网行业自律性较差	现阶段很多网站都制定了自律规范，但互联网自律规范多流于形式，不断暴露出新问题。很多网站对论坛、博客等的管理处于失控状态，这给不少不法团伙或个人传播不良信息提供了场所和渠道

（四）网络色情信息对未成年人的危害

概括来说，网络色情信息对未成年人的危害见表5-4。

表5-4　网络色情信息对未成年人的危害

网络色情信息对未成年人的危害	具体阐述
影响未成年人的学习	未成年人的自控力相对较弱，在面对网络色情信息的诱惑时，更容易被吸引，产生不健康的欲望，分散学习精力，导致学习成绩下降，甚至辍学，荒废学业
危害未成年人的心理健康发展	孟子曾言："食、色，性也。"性爱，是人的基本欲望。性是人的本能，虽然网络色情信息在一定程度上缓解了部分网民的性压抑，但是对于身心发展不成熟的未成年人，网络色情信息带来了许多负面影响，尤其对未成年人心理健康危害较大。由于我国家庭教育和学校教育中性教育缺失，导致未成年人对性认知的缺失，在好奇、寻求刺激等心理驱使下，许多未成年人通过网络了解相关性知识。然而，网络色情信息中传播的关于性行为、性态度、性道德等内容是畸形的、扭曲的，不利于未成年人建立基于自尊自爱的健康性伦理观，从而对未成年人的行为方式产生了不良影响
诱发未成年人性违法犯罪行为	部分未成年人由于长时间受到网络色情信息的影响，导致其在现实社会中尝试采取各种形式的性体验，长此以往导致青少年放荡不羁，过分追求性刺激，性行为失控甚至出现性犯罪

（五）治理网络色情信息传播的对策

抵制网络色情是治理网络色情信息传播的有效对策（图5-12）。

图5-12　抵制网络色情

网络色情信息给未成年人的身心带来极大伤害，为了未成年人的健康成长，可以从多方面进行治理，见表5-5。

表5-5　治理网络色情信息传播的对策[①]

治理网络色情信息传播的对策	具体阐述
加强对未成年人上网的引导与教育	家庭、学校与社会需要对未成年人上网进行引导，倡导未成年人文明、安全上网，积极有效利用网络资源，从正面培养未成年人对网络色情信息的识别与判断能力。还要对未成年人进行法制教育，增强未成年人的守法意识，从源头上杜绝网络色情信息对未成年人的侵害
互联网信息服务提供商应加强行业自律	为了有效遏制网络色情信息的传播，需要互联网信息服务提供商增强社会责任感，加强其行业的道德自律。因为网络的隐秘性使得不少社会监控难以发挥作用，而互联网信息服务提供商的行业自律就显得尤为重要

[①] 郭开元.网络不良信息与未成年人保护研究报告[M].北京：中国人民公安大学出版社，2018.

治理网络色情信息传播的对策	具体阐述
加强对网络色情的监督与打击力度	职能部门要将监督与打击网络色情信息传播当成一项长期的任务来抓，对制造与传播色情信息的个人与团伙严厉惩罚。通过政府的协调，将广大网民的举报信息汇总与分析，对涉及网络色情信息的网站坚决查处，并追究相关参与人员的责任，从而构建健康的网络世界
建立网络实名和网络分级制度	网络分级制是针对不同年龄段与不同文化层次的网民建立的一种对网站内容的分类制度。在我国现阶段，虽然建立网络分级制存在理论与技术上的困难，但这一新型网络管理模式的建立有迫切性、现实性和可行性的需要。这一制度可以有效监控和抵制网络色情信息
加强监管，推广具有过滤功能的绿色软件	不少网吧为了谋求更大利益，不限制未成年人进入网吧，甚至以色情网站吸引未成年人上网。为了营造更好的上网环境，有必要在网吧等公共场所的计算机上加装具有过滤功能的绿色软件，过滤色情信息
加强未成年人性道德教育	现阶段，泛滥的网络色情信息给未成年人带来极大伤害。为了减少伤害，对未成年人进行必要的性教育显得尤为必要

第三节　净化网络空间更好地保护未成年人

一、我国净化网络空间面临的主要问题

我国净化网络空间面临的主要问题包括以下几方面（图5-13）。

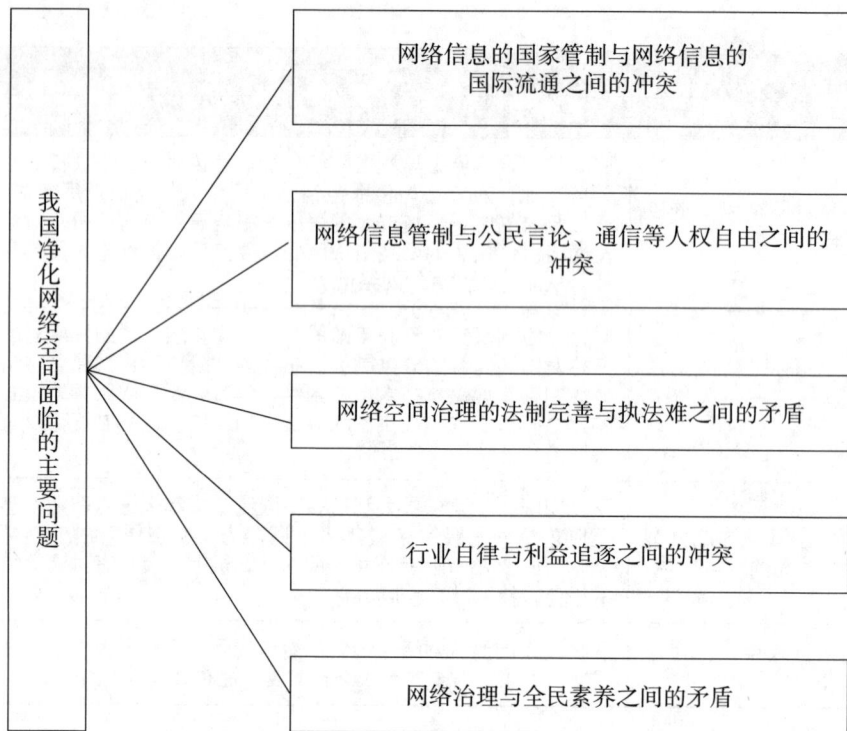

图5-13　我国净化网络空间面临的主要问题

```
我国净化网络空间面临的主要问题
├─ 网络信息的国家管制与网络信息的国际流通之间的冲突
├─ 网络信息管制与公民言论、通信等人权自由之间的冲突
├─ 网络空间治理的法制完善与执法难之间的矛盾
├─ 行业自律与利益追逐之间的冲突
└─ 网络治理与全民素养之间的矛盾
```

（一）网络信息的国家管制与网络信息的国际流通之间的冲突

在我国，淫秽色情信息没有等级，是一律被法制否定的，而在国外，淫秽色情信息一般不会被法律限制，但是在涉及未成年人保护时会被禁止，或者在用户选择时会进行分级提示。因此即便国内网络完全杜绝了淫秽色情信息，也要时刻面临国际互联网上成千上万的色情网站、成人网站色情信息渗透和传播的压力。

（二）网络信息管制与公民言论、通信等人权自由之间的冲突

网络信息管制不可避免地与公民个人的言论、通信等自由发生冲突，网

络实名机制和网络监控、信息过滤、信息屏蔽等网络信息管制机制也因此遭到了各种程度的抵触和不满。但无论是就国家安全而言，还是就社会精神文明建设而言，对网络信息进行必要的管制是无可争议的。

（三）网络空间治理的法制完善与执法难之间的矛盾

虽然我国网络空间治理的法制日趋完善，但是不容忽视的问题在于，执法往往难以跟上法制发展的步伐。例如，在未成年人保护方面，教育部提出了保护中小学生免受网络不良信息侵袭的五项举措，之后又正式启动防止未成年人沉迷网络游戏的机制，这些机制、措施和办法如果贯彻执行得力，效果应该会很好。然而，现实情况并非如此。究其原因，在现行的教育机制下，由教育系统自身来加强网络道德、网络法制教育几乎不可能得到落实，各级中小学校受到升学和文化教学压力的现实制约，难以抽出有效的时间、精力、人力和财力来执行这些规定。就其他的执法工作而言，主要还可能受到下列四个方面的影响。

第一，一些执法人员在具体执法中存在徇私舞弊的情况。

第二，随着互联网步入自媒体时代，执法部门要承担和履行难以计数的审批和检查职能，客观上必然面临着执法资源相对稀缺的矛盾。

第三，网络法制建设的整体发展速度与执法人员执法能力的整体发展速度之间极不平衡。

第四，在执法方向上可能还存在一些偏差，即过于注重去堵塞网络上的不良信息，忽视了对制作、传播不良信息者的惩处。

（四）行业自律与利益追逐之间的冲突

互联网行业的运行者，就其本质而言，是必定追逐经济利益的。这就客观上决定了下面两点。

第一，互联网行业不可能拿出特别多的人力、财力用于履行社会化的义务和责任，因为这势必会牵涉其经济成本的耗费问题。

第二，互联网行业在激烈的竞争态势下，为了避免在竞争中被淘汰，对于一些网络不良信息往往视而不见，甚至有意无意地进行制作和传播。

就网站而言，衡重一个网站是否有价值，目前还是以点击量为硬指标，高流量和点击率意味着能带来更多投资或者卖更多广告，这是网站低俗内容背后的利益链。很多知名网站上错字连篇，有时为了获取高点击量，将一些不良图片或者低俗内容放在网上，这些都是比较常见的。

（五）网络治理与全民素养之间的矛盾

随着自媒体时代的到来，网络空间治理的对象已经不仅仅限于网络信息服务的提供者，还包括中国网民。在这种形势下必须充分考虑当前国民的整体道德素养问题，使国民面对网络不良信息时保持头脑清醒。

二、净化网络空间的基本思路

净化网络空间的基本思路如表5-6所示。

表5-6　净化网络空间的基本思路[1]

净化网络空间的基本思路	具体阐述
注重防控资源的有效整合	网络空间治理，既需要国家的全方位管理，更需要网络运营主体的主动治理，还需要不良网络信息接收者的积极参与。只有构建多方参与的治理机制，最大限度地汇集和调动可用的防控资源，才能促使治理效果的不断深化

---

① 郭开元.网络不良信息与未成年人保护研究报告[M].北京：中国人民公安大学出版社，2018.

净化网络空间的基本思路	具体阐述
注重防、控、打的整体布局和体化设计	净化网络空间，本质上是一项社会治安工作，因此要有效净化网络空间，应当遵循治安工作的基本规律，即坚持惩防结合、防控一体的层进式构建原则。在设计网络空间治理机制时，除需构建合理的预防机制、监控机制和打击机制外，还需注重构建预防、监控和打击之间快速有效的衔接机制
坚持法治的治理道路	法治的本质在于科学立法、依法执政、依法行政、依法司法，更在于严格执法和培养专业执法队伍，更在于强调有法不依、执法不严的责任和后果。这些法治理念是加强依法治网的重要指导理念

三、净化网络空间的具体策略

（一）坚持执法必严

（1）必须进一步加强执法纪律和执法作风的建设，必要时加强对执法队伍的整顿和清理。

（2）针对目前繁重的网络治理任务和压力，一方面可以考虑适当地增加执法人员编制；另一方面在治理策略上注重突出重点。

第一，网络淫秽色情信息在网络不良信息中占有很大比例，可继续加强专项治理。

第二，效仿当前制贪惩腐的思路，先集中精力狠打制作、传播网络涉暴、涉黄、涉谣信息的"大老虎"。

（二）进一步提高扰乱网络秩序、污染网络环境的各类违法行为的违法成本

对于网络信息服务的提供者而言，其服务的本质是为了获取经济利益，提高对其违法行为的经济成本能够引起他们对遵纪守法的重视。对于自媒体

的公民，在现代社会形势下，随着人们对经济利益的日益重视，适当强化对其网络违法行为的经济惩罚，也能进一步强化法制的权威和震慑力。

（三）加强法学专业化教育和专业化培训

第一，随着社会的不断发展、社会分工的日益精细以及法制建设的不断加强、法制专业化水平的不断提升，在法学教育中，应当进一步强化应用法学的教育，进一步细化学科种类的分工，这样才能为国家的法治化发展培养具备专业化素养的执法和司法人员队伍。

第二，法律人才进入各个门类的执法队伍中后，应当尽快开展有针对性的专业化培训，使他们尽快熟悉和掌握本执法部门执法中必须使用的法律、法规，具备应有的执法素养。

（四）加强对保护未成年人过滤软件的开发

开发和使用过滤软件以避免未成年人受到网络不良信息的侵袭是世界各国的共识，也是社会的基本共识。在财力和技术许可的情况下，尽量以国家购买的方式购买未成年人通用的过滤软件。

（五）针对保护未成年人成立专门的治理机构和队伍

治理网络空间、加强对未成年人的保护是一项长期而艰巨的系统性工程。建议以保护和促进未成年人健康发展为出发点，对我国的未成年人教育、保护、司法和挽救机制进行一体化的顶层设计和统筹安排，或者建设专业化的未成年人教育和矫正队伍。这也可能刺激国内公益性服务产业的发展，为我国创造新的经济增长点。

参考文献

[1] 米振荣.未成年人保护法律知识百问百答[M].北京：中国民主法制出版社，2021.

[2] 宋英辉.未成年人保护与犯罪预防问题专题研究[M].北京：中国检察出版社，2020.

[3] 冯云翔.未成年人犯罪及预防[M].哈尔滨：哈尔滨工业大学出版社，2002.

[4] 纪红光.呵护权利：未成年人权益保护法律实务[M].北京：群众出版社，2004.

[5] 纳摸.健康成长法保护：未成年人保护的法律问题[M].昆明：云南大学出版社，2010.

[6] 宋宏飞，吴永科.胎儿及未成年人权益法律保护实务研究[M].北京：中国人民公安大学出版社，2013.

[7] 郭开元.网络不良信息与未成年人保护研究报告[M].北京：中国人民公安大学出版社，2018.

[8] 刘跃新.为了孩子：未成年人保护[M].兰州：甘肃人民出版社，2001.

[9] 《未成年人保护法学习导读》编写.未成年人保护法学习导读[M].北京：中国妇女出版社，2008.

[10] 戴相英.未成年人犯罪与矫正研究[M].杭州：浙江大学出版社，2012.

[11] 张良驯，郭开元.我国未成年人犯罪的基本状况和治理对策[M].北京：中国青年出版社，2015.

[12] 王大明.有效保护未成年人[M].兰州：甘肃文化出版社，2005.

[13] 张淼.重生：未成年人犯罪与心理矫治[M].北京：知识产权出版社，

2017.

[14] 张蓉.未成年人犯罪刑事政策研究[M].北京：中国人民公安大学出版社，2011.

[15] 赵秉志.未成年人犯罪专题整理[M].北京：中国人民公安大学出版社，2010.

[16] 崔会如.社区矫正实现研究[M].北京：中国长安出版社，2010.

[17] 沈玉忠.未成年人犯罪特别处遇研究[M].北京：中国长安出版社，2010.

[18] 席小华.少年司法社会工作理论与实务研究初探[M].北京：中国人民公安大学出版社，2012.

[19] 孔一.犯罪预防实证研究[M].北京：群众出版社，2006.

[20] 高中建.当代青少年问题对策研究[M].北京：中央编译出版社，2008.

[21] 梅传强.犯罪心理生成机制研究[M].北京：中国检察出版社，2008.

[22] 姚建龙.少年刑法与刑法变革[M].北京：中国人民公安大学出版社，2004.

[23] 蔡应明.犯罪预防学[M].上海：上海三联书店，2010.

[24] 张学超.罪犯矫正学概论[M].北京：中国人民公安大学出版社，2011.